Penso o que meu coração sente

Monika Jabłońska

Penso o que meu coração sente

Obra literária e pontificado de João Paulo II

Tradução do polonês

Marcelo Paiva de Souza

Eduardo Nadalin

principium

Texto fixado conforme as regras do Novo Acordo Ortográfico da Língua Portuguesa (Decreto Legislativo nº 54, de 1995)

Tradução: Marcelo Paiva de Souza e Eduardo Nadalin
Revisão de texto: Laila Guilherme
Paginação: Linea Editora Ltda.

1ª edição, 2014

CIP-Brasil. Catalogação na Publicação
Sindicato Nacional dos Editores de Livros, RJ

J12p
Jabłońska, Monika
Penso o que meu coração sente : obra literária e pontificado de João Paulo II / Monika Jabłońska ; [tradução Marcelo Paiva de Souza, Eduardo Nadalin]. – 1. ed. – São Paulo : Globo, 2014.

Tradução de: Myślę... o tym co sercem tropię
ISBN 978-85-250-5567-5

1. João Paulo II, Papa, 1920-2005. 2. Ensaio polonês. I. Souza, Marcelo Paiva de, 1971-. II. Nadalin, Eduardo. III. Título.

13-05874

CDD: 891.853
CDU: 821.162.1-3

Direitos de edição em língua portuguesa para o Brasil adquiridos por Editora Globo S.A.
Av. Jaguaré, 1485 – 05346-002 – São Paulo / SP
www.globolivros.com.br

Este livro é dedicado a João Paulo II, Zibi e à minha família.
É uma alegria tê-los na minha vida.
Digo isso com imenso amor e gratidão.

Sumário

Apresentação

Um escritor que foi Papa

Krzysztof Dybciak[1]

> *Na criação artística, mais que de qualquer outra maneira, o ser humano revela-se como "imagem de Deus" e cumpre essa tarefa, antes de mais nada configurando a maravilhosa matéria de sua própria humanidade e, em seguida, exercendo seu poder criador sobre o mundo circundante. O Artista divino, bondoso e compreensivo para com o artista humano, empresta-lhe uma centelha de Sua transcendente sabedoria e chama-o a participar de Seu poder criador.*
>
> "Carta do Santo Padre aos artistas", 04/IV/1999

De um ponto de vista cronológico, Karol Wojtyła foi primeiramente escritor, e depois sacerdote católico e papa. Sem sua obra

1. Historiador e teórico da literatura, ensaísta e poeta. Trabalhou no Instituto de Pesquisas Literárias da Academia Polonesa de Ciências e na Universidade Cató-

escrita — em diversos domínios: poesia, dramaturgia, sermão, filosofia, teologia — não se tornaria o chefe supremo da Igreja, mas sem desempenhar o papel de Sumo Pontífice e Vigário de Cristo seus escritos seriam pouco conhecidos fora da Polônia e, sobretudo, ineficazes, dir-se-ia talvez até arcaicos ou bizarros. A originalidade da escrita de Karol Wojtyła-João Paulo II consistiu na coragem de confrontar a literatura com altos propósitos, na ousadia intelectual de recusar os modelos minimalistas de criação atualmente em voga. Ao contrário, nosso autor remeteu-se à grande tradição bíblica e cristã — a da Palavra viva, que transforma: o ser humano, as comunidades, a humanidade. É a tradição dos profetas do Antigo Testamento e, nos tempos modernos, a tradição do romantismo, em particular o polonês, do qual foi continuador o papa da virada do milênio.

Em consonância com as ideias de Adam Mickiewicz, Juliusz Słowacki, Cyprian Norwid, Stanisław Wyspiański, ele entendia o papel do escritor como o de um servo da Palavra, alguém que re-

lica de Lublin; atualmente dirige a Cátedra de Literatura do século XX na Universidade Cardeal Stefan Wyszyński, em Varsóvia. Foi laureado, entre outros, com os prêmios da Fundação Kościelscy (Genebra, 1981), Fundação POLCUL (Sydney, 1987) e Associação Católica *Civitas Christiana* (Varsóvia, 2013). Desde o começo do pontificado de João Paulo II ocupou-se de sua obra, publicando sobre ela na Polônia, Itália, França e Estados Unidos. Foi autor do primeiro livro de caráter monográfico dedicado ao assunto, *Karol Wojtyła a literatura* (1991), e de uma antologia dos escritos do Papa, sob a supervisão de Sua Santidade: *Elementarz Jana Pawła II* (2001; tradução francesa: *Mon livre de méditations*, 2004). Publicou ainda *Nowy elementarz Jana Pawła II na trzecie milenium* (2005; trad. fr.: *Mon dernier livre de méditations, pour le troisième millénaire*, 2008) e, entre outros títulos importantes de temática correlata, "The poetic phenomenology of a religious man: about the literary creativity of Karol Wojtyła" (*in World Literature Today*, vol. 54, Spring 1980), "'Penso...cio che sento col cuore'. Sull'opera letteraria di Karol Wojtyła" (*in La grande testimonianza*, 1981), *Jan Paweł II w literaturze polskiej* (2008).

vela verdades últimas, fundadas em solo transcendente; segundo Karol Wojtyła-João Paulo II, também o poeta, dramaturgo e prosador contemporâneo devia ser uma espécie de transmissor antropológico da voz de Deus, um descobridor de verdades vivas, eternas e não relativas. Professou tal estética e tal filosofia da literatura desde os tempos de estudante e tratou a eleição como sucessor de são Pedro em 1978 como uma chance de universalização de seu modelo individual de prática da arte literária e das demais artes. Uma chance de agir por meio dos signos (não só verbais, de resto, pois foi também homem de teatro), de dar testemunho da verdade do cristianismo, de mudar as pessoas e aproximá-las de Cristo.

Propôs então Karol Wojtyła uma noção de autor de todo distinta da maioria dos programas e práticas literárias, bem como das teorias vigentes nas ciências humanas do século XX. Na teorização e no fazer artístico inovadores do século passado, o escritor costumava ser experimentador das formas da comunicação verbal, criador de realidades autônomas, porém ficcionais, analista de problemas psicológicos ou, mais raramente, crítico da sociedade e partidário de uma revolução socioeconômica ou cultural. Wojtyła-João Paulo II atribuía ao escritor outras funções — antiquíssimas, pois remontam aos tempos dos profetas, e no entanto tão necessárias no século XXI. Por isso sua poesia e sua dramaturgia foram formalmente ascéticas, reflexivas e prosaicas; davam antes testemunho de experiências religiosas e antropológicas, do que se perfilavam entre as obras que chamam a atenção para si (autotelismo) pelo requinte dos expedientes linguísticos ou narrativos, pela sagacidade psicológica.

A distância do ornato e da sofisticação estética e o antissubjetivismo não diminuíram as ambições literárias. Bem ao contrário, no pano de fundo das tendências artísticas da segunda metade do século XX (escalada do pós-modernismo) os objetivos da escrita de

João Paulo II tomavam maior vulto, pois ele era herdeiro dos profetas e criadores da época romântica. Abeberava-se também em uma tradição mais profunda da cultura do Ocidente, desenvolvendo de modo original uma concepção comum a algumas nações de zonas limítrofes da Europa — os países que constituem o *antemurale christianitas*, o baluarte da cristandade, um território que protege o Ocidente dos influxos destrutivos de diversas estruturas niilistas. Wojtyła-João Paulo II (juntamente com o cardeal Stefan Wyszyński, nomeado o Primaz do Milênio) atualizou esse ideal na concepção de uma Polônia incumbida de defender culturalmente a civilização euro-americana da ofensiva totalitária do comunismo russo e, em seguida, do niilismo liberal e libertino, mais custoso de situar geograficamente.[2] Os referidos pensadores religiosos poloneses — e hierarcas da Igreja católica — transformaram e sublimaram a ação de defesa. As campanhas defensivas não possuíam mais, como outrora, cunho militar ou econômico, mas sim cultural, restrito à esfera espiritual e simbólica.

Wojtyła também modernizou o paradigma do messianismo polonês (inspirado em ideias do Antigo e do Novo Testamento),

2. Não esteve sozinho nisso: procedeu de modo semelhante o grande poeta Zbigniew Herbert, no início dos anos 1980, no poema "Informe da cidade sitiada" (*in*: *Raport z oblężonego miasta*. Paryż: Instytut Literacki, 1983, p. 85-87), aplicando categorias emprestadas à concepção do *antemurale* à realidade da ditadura militar comunista então em vigor na Polônia:

> o sítio persiste há muito os inimigos têm de mudar
> nada os une exceto o desejo de nossa aniquilação
> godos tártaros suecos regimentos de César batalhões [...]
> os acometidos de infortúnio estão sempre sozinhos
> defensores do Dalai Lama curdos montanheses afegãos [...]
> e se a cidade cair e um se salvar
> ele levará a cidade consigo pelos caminhos do exílio
> ele será a cidade.

apregoando a importância das nações encarregadas de tarefas especiais — a luta pela liberdade, o serviço aos valores e o sacrifício para o bem de toda a humanidade, a missão da solidariedade, não, como ocorreu mais de uma vez e ainda ocorre, a expansão e o domínio sobre outros povos. Não é nada surpreendente, pois, que o Santo Padre originário da Polônia haja introduzido no pensamento católico contemporâneo a concepção de uma teologia da nação, exposta aliás em seu último livro publicado em vida, *Pamięć i tożsamość* (*Memória e identidade*), de 2005.

* * *

João Paulo II esforçou-se para criar signos imbuídos de sacralidade e para ser ele mesmo um signo, daí ter conferido conscientemente contornos simbólicos a todos os seus atos: por exemplo, beijava o chão no começo de suas peregrinações assim que descia do avião, apertava a mão de pessoas do mundo todo durante as audiências no Vaticano, cuidava da legibilidade dos gestos, organizava com perfeição as liturgias e sentia-se à vontade nas grandes aglomerações, às vezes com a participação de milhões, como na Polônia, no Brasil, no México ou nas Filipinas. Esse servo da Palavra aspirava também a imbuir de significado os atos extraverbais dos homens. Em conformidade com o realismo da filosofia cristã, buscou emprestar significado ao corpo para que este se fizesse veículo de uma verdade espiritual — fomos criados, afinal, "à imagem e semelhança de Deus", portanto cada ser humano, até o mais frágil, é um ícone de seu Criador.

Teve justamente tal sentido a escolha de não ocultar as enfermidades e os achaques da velhice, o que se tornou um testemunho de perseverança nos valores cristãos e humanísticos, em geral, bem como uma oferenda dos próprios padecimentos em intenção dos próximos e da Igreja. Mesmo o findar da vida e a morte não eram apenas indício da dissolução da matéria humana, mas também anúncio do retorno à morada do Pai no céu, mergulho cheio de confiança na eternidade, que não é o nada. Essa semiotização do corpo, a transformação da fraqueza, do sem sentido da ruína do organismo biológico em signos, em declaração de esperança na salvação proveniente de Jesus Cristo, a lição da morte de João Paulo II é uma mensagem maravilhosa ao contingente dos idosos em nosso planeta, cada vez mais numeroso à medida que se prolonga a duração da vida individual.

A originalidade de João Paulo II consistiu, por um lado, em visar a altos propósitos e aprofundar a arte da palavra e, por outro, em aproximar a literatura de novas regiões da realidade, ou seja, em *dotar de significado todos os aspectos da existência de um indivíduo*. Também isso deriva da tradição do romantismo, especialmente o polonês. Recordemos o que escreveu o grande poeta e pensador cristão Adam Mickiewicz em suas preleções intituladas "A literatura eslava":

> Jesus Cristo não é o criador de qualquer doutrina nem qualquer legislação no sentido corrente do termo; não erigiu qualquer sistema [...] deu a seus fiéis algo mais real, mais positivo, e ao mesmo tempo mais exigente, a saber, sua pessoa, sua vida, sua história. [...] Aquele espírito que trabalha, que se eleva, que procura incessantemente a Deus recebe por isso mesmo uma luz mais alta, o assim chamado verbo; e o homem que o recebeu torna-se instrumento de sua revelação. Não é um sistema que se mostra de súbito aos olhos do homem, mas — como dissemos — o verbo. [...] Essa luz divina, à qual basta um homem para revelar-se, desenvolve-se mais tarde, pois é verbo vivo; desenvolve-se em sistemas, em escolas, e sobretudo em atos.[3]

3. Mickiewicz, Adam. "Literatura słowiańska", Kurs trzeci. *In*: *Dzieła. Wydanie rocznicowe*; tom X. Varsóvia: Czytelnik, 1998, p. 162-163.

Nas obras do poeta e prosador João Paulo II chamam a atenção o tom sério, a madura personalidade autoral e o respeito para com o leitor, junto com o qual se descobrem ou se rememoram valores. Essa atitude artística e filosófica permitiu a nosso autor sobrepujar o estilo predominante na segunda metade do século XX, um estilo escarninho, destrutivo, dado à provocação, assumindo frequentemente formas grotescas, fantásticas etc.; o estilo elevado e a nobre postura de moralista distinguiram Wojtyła, particularmente contra o pano de fundo da "displicência" pós-moderna, da programática superficialidade, do abismo entre a linguagem da arte e a realidade e da brincadeira a todo custo ("vamos morrer de rir" é o prognóstico de um dos eruditos contemporâneos que investigam esses fenômenos).

O que afirmei antes sobre emular os profetas bíblicos e os "bardos" ("profetas" literários) do romantismo poderia parecer uma invenção inteiramente absurda, algo demasiado arcaico, incompatível com a época atual. *In abstracto*, isolada do processo histórico, a afirmação pode parecer uma simpática maluquice. Existe porém uma prova gigantesca da justeza da concepção da arte da palavra (e da Palavra) de João Paulo II — a história da Europa no final do século passado, os grandes eventos que influíram na situação global e foram sentidos indiretamente tanto nas Américas quanto na Ásia. Todos os historiadores de visão lúcida e milhões de simples participantes dos acontecimentos macrossociais na Europa centro-oriental, no norte e no centro da Ásia não têm dúvidas de que *um dos principais corresponsáveis pela queda do sistema comunista ateu e totalitário — da Alemanha à China e o Pacífico* — foi o Papa polonês. A derrocada do império soviético deu-se por vias majoritariamente pacíficas (ao contrário da queda do nazismo, levada a cabo pela Segunda Guerra Mundial). Ideias e valores de um mundo livre, acima de tudo ideias cristãs ou de teor religioso, foram os fatores decisivos na mudança de sistema e na guinada histórica na existência de dezenas de nações. E o grande porta-voz da Palavra transformadora e libertadora das ameaças temporais e escatológicas foi João Paulo II.

* * *

Infelizmente, percebe-se menos a influência do Papa nas transformações civilizacionais posteriores, de novo de alcance planetário, de que agora tomamos parte. Durante seu pontificado consumou-se o processo de transição das sociedades dominadas por ideologias (mais exatamente falando: por grupos de criadores e propagadores de ideologias) para as sociedades dominadas por sistemas de comunicação de massa, sobretudo visual, veiculada pela mídia eletrônica; *a substituição da ideocracia pela midiocracia* (outra denominação apropriada seria "iconocracia", em vista da prevalência das imagens sobre as palavras).

Na vida das sociedades por todo o globo encerrou-se no fim do século XX a época do domínio dos produtores de ideologias (o processo desdobrou-se de forma espetacular nos limites do império do comunismo russo), mas verificou-se igualmente em nossos tempos o desaparecimento da influência de outros sistemas de ideias e valores de prestígio, denominados pelos pós-modernos de "grandes narrativas". Seu lugar foi ocupado por sistemas imagético-informacionais que moldam a imaginação, a mente, os sentimentos e, por conseguinte, também as ações de bilhões de pessoas. Isso afeta, acima de tudo, os países da civilização cristã (pós-cristã?), mas afinal também o comunismo chinês tornou-se mais brando e pragmático, e os adeptos do Islã utilizam em seu dia a dia a internet, a televisão, os telefones celulares e equipamentos semelhantes produzidos pela cultura ocidental.

A nova situação de domínio da midiocracia, além dos positivos, tem da mesma forma aspectos negativos, que foram percebidos por João Paulo II desde o começo de seu pontificado. A programação das relações inter-humanas e a criação de modelos da realidade podem servir a várias finalidades e trazer proveito a diversos grupos. Os modelos da realidade redundam ao mesmo tempo em sua ocultação, forças externas medeiam nosso contato com o mundo natural e social, assim como os contatos interpessoais.

Em muitos casos a ingerência dos instrumentos da midiocracia pode ser maior do que nas antigas estruturas do totalitarismo político-econômico, pois ganha uma aparência muito mais atrativa do que a propaganda ideológica de outrora; sua branda persuasão é quase imperceptível e é facilmente assimilada por receptores indefesos. Os centros de controle da comunicação de massa de âmbito planetário podem falsear a imagem da realidade e manipular os receptores. João Paulo II foi, talvez, o maior líder religioso a defender o indivíduo e as comunidades locais das influências destrutivas dos midiocratas contemporâneos. Citemos um fragmento, de inícios dos anos 1980, da "Mensagem no Dia Mundial dos Meios de Comunicação", e reparemos no que é característico de sua obra — o estilo primoroso, o fundo personalista, o cuidado com a dimensão axiológica da comunicação interpessoal:

> Porque reverencia a verdade, a Igreja não pode deixar de sublinhar que certas formas de ação dos *mass media* simulam a verdade e fazem em pedaços a esperança. [...] Custa-nos imaginar os profissionais dos meios de comunicação apartados de seu próprio substrato cultural. Aquele que trabalha nessa área deve exercer seu ofício da maneira mais objetiva, não se tornando um depravador oculto movido pelos interesses de algum grupo, pelo conformismo ou pela cobiça de lucro.

No espaço do diálogo com os criadores da civilização pós-moderna, o personalismo de João Paulo II adquire qualidades inovadoras. Esse personalismo tomou a forma de uma estratégia de defesa voltada contra as tendências de redução do ser humano ao papel de consumidor de imagens e mensagens banais, e ele tornou-se uma salvaguarda da realidade criada e supranatural diante da investida das imagens fictícias. O Santo Padre exortava à preservação dos traços distintivos e da identidade integral de grupos sociais locais e nações, contrapondo-se ao processo de unificação global. Fortaleceu assim a identidade nacional não apenas na época da luta da ideologia marxista pelo domínio político do mundo, como também no período atual de midiocracia laica. A sobrevivência da cultura, em particular a cristã, e a liberdade das pessoas estão sob a ameaça da quase cultura globalizada do entretenimento de massa. O mais grave agora não é tanto a injustiça econômica quanto as desigualdades e a violência nos processos de comunicação.

Indivíduos, famílias, comunidades locais, grupos étnicos são atingidos por poderosas correntezas de imagens, narrativas, modelos de conduta. Núcleos sociais menores, de caráter religioso, por exemplo, são marginalizados — só podem emitir imagens e mensagens de pequeno alcance, de modo pouco atraente (por conta da falta de meios financeiros e tecnológicos), não suportando a concorrência dos centros mundiais da indústria da informação e do entretenimento. A reduzida força de irradiação de dada atividade midiática muitas vezes não depende do valor intelectual ou artístico, mas da ausência de dispositivos técnicos, que por seu turno dependem de recursos materiais e poder político.

João Paulo II contribuiu para que se tomasse consciência de tais perigos, tentou aprimorar a qualidade da *recepção crítica da agressiva iconosfera laica* — não só dessacralizada, mas também desumanizada. Postulou a formação da capacidade de escolha, de resistência espiritual à pressão da mídia comercial e niilista, enfatizou a necessidade de ignorar as modas intelectuais perniciosas e de buscar alimento nas tradições nativas, impregnadas do grande legado cultural e religioso da humanidade. Examinando o problema da relação do Santo Padre com os sistemas de comunicação contemporâneos, convém lembrar que as aludidas palavras de crítica foram proferidas não por uma figura desconhecida, alguém preconceituoso com respeito à mídia e incapaz de fazer uso dela. Muito pelo contrário! João Paulo II foi o primeiro papa a empregar tão habilidosa e energicamente em sua atividade pastoral os meios de comunicação modernos, especialmente os eletrônicos (foi muito valiosa nesse sentido a experiência teatral do jovem Karol Wojtyła). Foi também uma das pessoas mais conhecidas em todo o globo, a face talvez mais familiar do mundo na virada do milênio. Essa extraordinária popularidade ficou patente com máxima clareza nos dias após sua morte; luto tão generalizado em tantos países jamais houve antes — somente ao longo das primeiras vinte e quatro horas em seguida ao falecimento foram publicadas 30 mil notas oficiais em todos os continentes. Por isso deve dar ainda mais o que pensar sua constante reflexão sobre o nível artístico e ético da comunicação de massa e seu cuidado com uma evangelização eficaz por meio dos mais novos recursos técnicos.

* * *

O grande projeto de João Paulo II denominado "Civilização do Amor" abrangia várias dimensões da vida humana. Tinha acima de tudo uma dimensão espiritual e moral, plasmada também por obras geniais de artistas, mas era dotado igualmente de uma dimensão social e econômica, porque o papa não foi um esteta a vagar pelas terras abstratas da beleza, alheio ao cotidiano de bilhões de próximos. Apoiado em fundamentos filosóficos e teológicos que implicavam convicção quanto à liberdade e à atividade do indivíduo (como sustentou em uma de suas obras: a pessoa se realiza por meio da ação), frisava o valor do direito à propriedade, do livre mercado, do empreendedorismo, a importância das virtudes do ânimo para o trabalho e da parcimônia. Não se esquecia, contudo, da justiça e do cuidado com os pobres, embora guardasse distância de ideologias marxistas e pós-marxistas de igualdade absoluta conquistada pela violência, como por exemplo a ditadura do proletariado. Conhecia bem demais o sistema e a economia do comunismo real.[4] Negava, sobretudo, o materialismo deste último, cego para a dimensão espiritual do trabalho. Já no poema "Kamieniołom" ("A pedreira"), de 1956, surgiam reflexões profundas e certeiras intuições acerca do assunto. Trinta anos mais tarde, em Gdańsk, cidade onde nasceu o movimento libertário e democrático do Solidariedade, o Papa falou especificamente da questão:

> O trabalho não pode ser tratado — nunca e em parte alguma — como mercadoria, porque o ser humano não pode ser mercadoria para o ser humano, ele deve ser sujeito. No trabalho ele se faz presente em toda a sua humanidade e toda a sua subjetividade. [...] Como pessoa ele não é apenas "operário", mas coautor da obra que resulta do trabalho.

4. Pode-se tomar conhecimento das ideias sociais de João Paulo II e de sua visão da história do século XX lendo algumas encíclicas — "Laborem exercens" (1981), "Sollicitudo rei socialis" (1987), "Centesimus annus" (1991) —, bem como o volume ensaístico-memorialístico (que tem forma de diálogo) *Pamięć i tożsamość*. Todas esses obras distinguem-se não menos por seus valores literários.

Compreender o trabalho — inclusive físico — desse modo, como concriação de uma obra, foi possível justamente para um artista, um escritor, que percebia componentes criativos em toda atividade humana honesta. João Paulo II foi um dos poucos líderes da sociedade global a apontar o significado, no desenvolvimento material da civilização, dos diversos valores imateriais, daquilo que faz muito tempo sociólogos e economistas passaram a chamar de capital cultural: o respeito mútuo e a confiança entre os sujeitos econômicos, as regras morais em vigência na vida política, a solidariedade social, a relevância do conhecimento e da criatividade. Às vezes, com toda a razão, chegou a postular uma paradoxal inversão dos nexos de subordinação e determinação: "A economia precisa escutar a cultura! Precisa escutar a ética! E isso também em consideração a si própria: a economia. Pois tudo está conjuntamente radicado em uma mesma subjetividade: do homem e da sociedade".

Um belo traço de caráter de João Paulo II — nome de primeira plana entre os profissionais da ciência e da literatura — foi a modéstia, o respeito para com as pessoas comuns, o que fazia com que se reportasse tanto à tradicional religiosidade popular: colorida, variada e viva, em particular na Polônia e no Brasil. Gostava de tomar parte em celebrações litúrgicas que reuniam centenas de milhares de fiéis (transmitidas pelo rádio e pela televisão a milhões de pessoas), venerava Santa Maria (foi *Totus Tuus*, afinal), dava exemplo de devota vivência de formas populares de culto como a oração do rosário, a *Via Crucis*, as procissões da Paixão, as peregrinações. Juntamente com a santa Faustyna Kowalska, moça simples do povo e ao mesmo tempo esplêndida escritora mística, a quem reabilitou, beatificou e canonizou, introduziu no repertório do cristianismo o culto de Jesus Misericordioso, conhecido agora em toda a Igreja católica e condizente com necessidades profundas dos seres humanos no início do terceiro milênio. A imagem do Filho de Deus com os característicos raios e a inscrição "Jesus, confio em Ti" pode ser encontrada em muitos lugares ao redor do mundo, das Filipinas à Califórnia, dos países à beira do Báltico (a célebre imagem foi pintada em Vilna) até o Brasil e a Argentina.

O Papa João Paulo II previu acertadamente que o retorno às fontes, à profunda, arquetípica religiosidade popular traria resposta às necessidades espirituais e avivaria a fé da juventude em todo o planeta. Em uma obra formalmente inovadora, o livro-diálogo *Przekroczyć próg nadziei* (*Cruzar o umbral da esperança*; 1994), ele escreveu:

> No contexto da nova evangelização é muito eloquente o fato da redescoberta em nossos tempos dos valores autênticos da assim chamada religiosidade popular. Até pouco tempo atrás se falava dela em tom de bastante desdém. Contudo, algumas de suas formas de expressão experimentam um verdadeiro renascimento nos dias de hoje, como por exemplo o movimento dos peregrinos por antigos e novos roteiros. Um exemplo foi exatamente aquele inesquecível encontro mundial de jovens em Santiago de Compostela (1989), e depois Jasna Góra, em Częstochowa. A geração mais jovem, em especial, tem gosto em peregrinar.

Façamos votos de que o Encontro Mundial da Juventude no Rio de Janeiro seja também inesquecível.

Prefácio à edição brasileira

A bênção, João de Deus

Quando, em 1980, João Paulo II fez sua viagem apostólica ao Brasil, o maior país católico no mundo, a Polônia lutava contra o regime comunista totalitário.

O comunismo era uma ideologia em cujas bases estava a rejeição a Deus enquanto Criador do Universo e Redentor da humanidade e, como tal, enquanto fonte da decisão sobre o que é o bem e o que é o mal. Rejeitava-se então aquilo que mais profundamente determinava o que é humanidade, ou seja, o conceito de natureza humana e de liberdade como uma realidade, substituindo esse conceito por um "produto do pensamento" arbitrariamente engendrado e arbitrariamente alterado conforme as circunstâncias.

Na Polônia, por força da crise política e econômica, ocorriam protestos regularmente. Os protagonistas desses acontecimentos, que foram um passo importante no caminho para a liberdade, eram operários, mas também estudantes e intelectuais.

> O Cardeal Wyszyński[1] definiu esses movimentos como "pequenas revoluções". "Revoluções", pois aqueles acontecimentos foram aos poucos revelando o colapso da ideologia marxista e da versão polonesa do "socialismo real". "Pequenas", porque, com exceção das mudanças na cúpula do partido, elas não traziam consigo nenhuma transformação social nem econômica. Pelo contrário, estava havendo um recrudescimento dos sistemas de repressão.[2]

A Polônia, no entanto, constituía um caso atípico dentro do arquipélago comunista. Distinguia-se por uma Igreja forte, sólida, bem organizada e com autoridade moral, assim como uma "democracia popular" distinta da de outros países, uma atitude nacional e uma cultura diversificada em grande medida livre e de relevância internacional: exemplos dessa cultura são, entre outros, compositores como Witold Lutosławski, Henryk Górecki, Wojciech Kilar, Krzysztof Penderecki; diretores de cinema como Andrzej Wajda, Krzysztof Kieślowski, Krzysztof Zanussi; grandes poetas como Tadeusz Różewicz, Zbigniew Herbert, Czesław Miłosz e Wisława Szymborska. Nos anos pós-stalinismo, isto é, a partir de 1956, o cardeal Stefan Wyszyński foi um dos primeiros a intervir, apelando ao governo para pôr fim à violência e às prisões. Também se pronunciou o cardeal Karol Wojtyła, salientando que a construção da paz deve se basear exclusivamente no respeito aos direitos humanos e à liberdade.

A sociedade polonesa, então, ao voltar-se contra o governo, que em vez de representar a nação representava o partido, encontrou sua própria força e autonomia.

> Os poloneses, com sua oposição, expressavam não propriamente uma escolha baseada em motivações teóricas, mas tão somente o fato de

1. Cardeal Stefan Wyszyński, uma das maiores figuras do catolicismo do século XX, chamado na Polônia de Primaz do Milênio.
2. G. F. Svidercoschi, *Kard. Stanisław Dziwisz. Świadectwo*, Varsóvia: Ed. Przemysław Hauser, 2007, p. 34.

> que não podiam deixar de se opor. Era uma questão de instinto ou de intuição, embora isso tenha também favorecido os processos de aprofundamento da consciência dos valores religiosos e dos ideais sociais, que constituíam o fundamento dessa rejeição, em uma escala jamais vista na história da Polônia.[3]

Não se tratava aqui de uma simples rejeição ao comunismo. Naquele período, tratava-se sobretudo de recuperar e afirmar os valores fundamentais pelos quais a sociedade vivia e aos quais desejava permanecer fiel. Uma testemunha particular desses acontecimentos na Polônia, primeiro como padre, mais tarde como bispo e, finalmente, como papa, foi Karol Wojtyła. Ele vivenciou pessoalmente esse período dramático e heroico da história de seu país.

Pouco depois de sua eleição para a Santa Sé, o Papa João Paulo II fez uma viagem apostólica ao Brasil. A América do Sul lhe parecia então em nada menos desafiadora que o comunismo do Leste. Ambos estavam, aliás, estreitamente relacionados. A doutrina marxista, introduzida na Polônia e tendo-a dominado, estava se espalhando desde os anos 1960 também pela América do Sul. As tentativas de sintetizar o marxismo e o cristianismo, nascidas em círculos intelectuais europeus e que poderiam conduzir a uma realidade social caracterizada por violência e exploração, acabaram dando origem à teologia da libertação.

De uma perspectiva estrangeira, europeia, a situação do maior país católico do mundo era a seguinte: em 1980, o Brasil procurava sair da ditadura. Nada indicava que o Papa, que vinha a esse país dividido e com uma Igreja dividida, pudesse triunfar.

3. Jan Paweł II, *Pamięć i tożsamość*, Cracóvia, Znak, 2005, p. 53.

Desde 1964, os governos militares deparavam com forte resistência do clero.

> O governo do Brasil, cujos membros eram em grande parte católicos, e os líderes da Igreja permaneciam em conflito em razão do ritmo lento da democratização, da detenção de presos políticos e das enormes desigualdades sociais. O governo se queixava ao núncio de que os líderes da Igreja não queriam condenar a esquerda, que recorria à violência, e os bispos respondiam que o governo não estava fazendo praticamente nada em prol dos pobres. O episcopado brasileiro não estava satisfeito com a maneira como sua atuação e suas ideias eram apresentadas pelo Vaticano, já em Roma alguns julgavam que os bispos brasileiros estavam extrapolando tanto no que dizia respeito à teologia quanto à política. Polemizavam até sobre onde teria início a peregrinação.[4]

A economia brasileira, que na década que terminava havia conhecido um crescimento notável, sofreu um colapso. Como escreveu um jornalista polonês, autor da mais extensa biografia de João Paulo II, "O país — como a Polônia sob o governo de Edward Gierek — entrou numa espiral de endividamento. Isso aprofundou as tensões sociais, forçando ao mesmo tempo o governo militar do país a iniciar um cauteloso processo de liberalização".[5] Greves em massa, prisões de trabalhadores, perseguição, pobreza e violência persistiam no país.

E o Papa, que havia aprendido português em poucas semanas antes de viajar para o Brasil, chegou a esse país de muitas raças, culturas e religiões. A imagem popular que se fazia do Brasil na Europa foi assim apresentada por um famoso escritor polonês, havia muitos anos, então, radicado na Europa Ocidental:

4. G. Weigel, "Piotr pośród nas". *In*: *Świadek nadziei. Biografia papieża Jana Pawła II*. Cracóvia: Znak, 2000, p. 477-478.
5. J. Moskwa, *Droga Karola Wojtyły. Zwiastun wyzwolenia 1987-1989*, Varsóvia: Świat Książki, Tom II, 2011, p. 135.

> ... café, Pelé, o Carnaval no Rio de Janeiro, piranhas devoradoras de poloneses no Rio Negro (...) E também peixes cantando no Ucayali, o "Río de Oro" — nas trilhas dos índios brasileiros, o "Inferno verde", a "bela e assustadora Amazônia", e assim por diante (...) Mas quem acompanha fielmente nosso elegante Papa nessa viagem não se ilude com a ideia de que ele terá um momento de repouso para lançar um olhar cansado para a beleza da fauna e da flora, para desfrutar do exotismo do país, que ele conhecia de um álbum de selos, ou que vai ter tempo para subir de trem o Corcovado, onde um escultor polonês erigiu um monumento a Cristo, ou para caminhar, os pés descalços, à beira do Atlântico, na célebre praia de Copacabana.[6]

A simples menção das cidades na rota da viagem papal ao Brasil demonstra a amplitude e o alcance geográfico da jornada: a capital do país, Brasília, em seguida, Belo Horizonte, Rio de Janeiro, São Paulo, Aparecida do Norte, Porto Alegre, Curitiba, Salvador, Recife, Teresina, Belém do Pará, Fortaleza e Manaus.

> Muitos milhares de quilômetros em doze dias! (...) E ainda é preciso considerar o voo cansativo de Roma até o Brasil e o retorno de Manaus a Roma. E voando pelo país de jato ou de helicóptero, fazei discípulos de todas as nações. As quatro estações do ano e dois climas diferentes em tão pouco tempo. Frio cortante em Curitiba. Chuva forte em São Paulo. Canícula tropical em Manaus. Uma sauna ao quadrado. Dezenas de extensos sermões e discursos. Dúzias de missas campais e de ofícios religiosos. Milhões de rostos diante dos olhos. Os gritos incessantes da multidão nos ouvidos. Pouco tempo para dormir e descansar. Projetores, refletores, câmeras e lentes — a televisão, ou seja, *the big sister is watching you!* — não desgrudam do rosto do Papa.[7]

No primeiro dia em território brasileiro, o Papa João Paulo II se reuniu com o então presidente João Baptista Figueiredo e come-

6. T. Nowakowski, "João de Deus". *In*: K. Dybciak, *Jan Paweł II w literaturze polskiej: Antologia tekstów literackich*, Varsóvia: Centrum Myśli Jana Pawła II, 2008, p. 209-210.
7. T. Nowakowski, *ibidem,* p. 210-211.

çou seu primeiro discurso no palácio presidencial com as palavras "Muito obrigado". Na presença das mais importantes autoridades da nação e de convidados, o Santo Padre falou sobre defender o direito dos católicos de influenciar a realidade social do país e sobre a necessidade de realizar reformas como alternativa à revolução:

> A Igreja não cessa de preconizar as reformas indispensáveis à salvaguarda e à promoção dos valores, sem os quais não pode prosperar nenhuma sociedade digna desse nome. Reformas que visem a uma sociedade mais justa e sempre mais de acordo com a dignidade de toda pessoa (...) Promover assim tais reformas também como maneira de evitar que elas sejam buscadas sob o impulso de correntes, com base nas quais não se hesita em recorrer à violência e à direta ou indireta supressão de direitos e liberdades fundamentais inseparáveis da dignidade do homem.[8]

Em discurso ao corpo diplomático, o Papa discutiu o conceito de segurança nacional, que justificava a limitação e a suspensão de direitos civis:

> (...) Pode parecer banal sublinhar ter cada país o dever de preservar a sua paz e segurança interna. Mas deve de certo modo "merecer" essa paz, assegurando o bem comum de todos e o respeito aos direitos. O bem comum de uma sociedade exige que esta seja justa. Onde falta a justiça, a sociedade está ameaçada pelo interior. O que não quer dizer que as transformações necessárias para conseguir maior justiça devam operar-se na violência, na revolução e na efusão de sangue, porque a violência prepara uma sociedade de violência, e nós, cristãos, não podemos concordar com ela.[9]

8. Viagem Apostólica do Santo Padre ao Brasil. *Discurso do Papa João Paulo II ao presidente e autoridades da República Federativa do Brasil*, Brasília, 30 de junho de 1980. Disponível em: <http://www.vatican.va/holy_father/john_paul_ii/speeches/1980/june/documents/hf_jp-ii_spe_19800630_presidente-brasile_po.html>
9. Viagem Apostólica do Santo Padre ao Brasil. *Discurso do Santo Padre aos membros do corpo diplomático acreditado junto ao governo brasileiro, Nunciatura Apostólica*, Brasília, 30 de junho de 1980. Disponível em: <http://www.vatican.va/

Esse discurso do Santo Padre foi uma experiência difícil tanto para o presidente do Brasil quanto para aqueles grupos da Igreja brasileira que claramente apoiavam as ideologias próximas à Cuba comunista e pró-soviética de Fidel Castro.

Dirigindo-se ao Rio de Janeiro, João Paulo II deteve-se na capital do estado de Minas Gerais. A atmosfera que predominava então no Brasil foi descrita por um repórter polonês que acompanhava o Papa mundo afora, em geral com um grupo de jornalistas estrangeiros credenciados pelo Vaticano:

> Num quiosque de lembranças religiosas em Belo Horizonte, uma cidade do tamanho de Łódź, mas de uma beleza texana, compro algumas revistas em quadrinhos que contam a história do Papa. Karol Wojtyła, nem sempre retratado em tais imagens de acordo com sua aparência real, muitas vezes trajando um macacão fantasioso ou um quepe com uma águia branca, é apresentado como um grande nadador, montanhista, ciclista, remador, cantor, ator, praticante de tiro. Suas coloridas aventuras sob a ocupação alemã e os anos de stalinismo vividos na Polônia lembram filmes de James Bond. Semelhantemente ao que se viu no México, onde retratos feitos por pintores amadores mostravam "João de Deus" com uma auréola sobre a cabeça.[10]

Em Belo Horizonte, durante uma missa para meio milhão de pessoas, o Papa cantou algumas canções brasileiras com jovens presentes, e estes entoaram "João de Deus, nosso Rei". E, em um discurso aos representantes da ciência, da literatura e das artes, destacou:

> A cultura que nasce livre deve (...) difundir-se em um regime de liberdade. O homem culto tem o dever de propor sua cultura, mas

holy_father/john_paul_ii/speeches/1980/june/documents/hf_jp-ii_spe_19800630_corpo-diplomatico-brasile_po.html>
10. T. Nowakowski, *op. cit.*, p. 213.

> não a pode impor. A imposição contradiz a cultura, porque contradiz aquele processo de livre assimilação (...) do pensamento e do amor, que é peculiar à cultura do espírito. Uma cultura imposta não somente contrasta com a liberdade do homem, mas põe obstáculo ao processo formativo da própria cultura, que na sua complexidade, desde a ciência até a forma de vestir-se, nasce da colaboração de todos os homens.[11]

Em um país que àquela altura procurava sair da ditadura, as palavras do Papa foram bem fortes.

No Rio de Janeiro, uma das mais belas cidades do mundo, no estádio do Maracanã, que é também o templo da segunda religião nacional dos brasileiros, o futebol, o Papa João Paulo II ordenou 84 sacerdotes. "Um enxame de jornalistas com temperamento verdadeiramente brasileiro descreve a Missa Pontifical, e com tal excitação como se no gramado estivesse acontecendo a final da Copa do Mundo".[12] No imenso telão eletrônico apareceram as palavras "João de Deus". Esse apelido seria utilizado por muitos anos para se referir ao Papa polonês. E o mesmo João de Deus será ainda lembrado na canção *A bênção, João de Deus*, composta por ocasião de sua visita ao Brasil e que até hoje é cantarolada pelos sul-americanos.

"Vim aqui não por curiosidade, mas porque amo vocês", disse João Paulo II quando chegou à comunidade do Vidigal, uma das favelas do Rio de Janeiro. "Lembro-me da expressão de seus olhos. Desolado, olhou em volta, sem saber naquele momento como poderia aliviar o sofrimento. De repente, tirou do dedo o anel papal

11. Viagem Apostólica do Santo Padre ao Brasil. *Discurso do Santo Padre no encontro com eminentes personalidades da cultura*, Rio de Janeiro, 1º de julho de 1980. Diponível em: <http://www.vatican.va/holy_father/john_paul_ii/speeches/1980/july/documents/hf_jp-ii_spe_19800701_cultura-brasile_po.html>
12. T. Nowakowski, *op. cit.*, p. 212-213.

e o doou àquelas pessoas".[13] Na comunidade, o Papa falou de miséria e de riqueza. Referiu-se à primeira das oito bem-aventuranças do Sermão da Montanha: "Bem-aventurados os pobres de espírito, porque deles é o reino dos céus" (Mateus 5:3). Também destacou que "A Igreja em todo o mundo quer ser a Igreja dos pobres. A Igreja em terras brasileiras também quer ser a Igreja dos pobres — isto é, quer extrair toda a verdade contida nas bem-aventuranças de Cristo e sobretudo nesta primeira..."[14]

Um estado de espírito completamente diferente prevaleceu no estádio do Morumbi, em São Paulo. Cerca de 130 mil pessoas dentro e mais 30 mil fora.

> Frio, um tremendo aguaceiro. Enquanto isso, o barômetro político aponta para uma tempestade. A polícia e o exército já haviam formado um cordão de isolamento triplo a sete quilômetros do local. Helicópteros patrulhavam o gigantesco anel do estádio (...) O Papa debaixo de um guarda-chuva, em um pequeno carro preto aberto, não a bordo do magnífico "papamóvel", e não com os paramentos litúrgicos, mas com um "traje de gala", entra na pista do estádio. Uma onda de entusiasmo. A ovação dura vinte e sete minutos antes que a multidão permita que o Papa fale (...) Quando João Paulo II abraça um sindicalista perseguido, todo o estádio explode numa canção-apelo para lutar contra a opressão e a exploração. A chama da *Marseillaise* se propaga sob o céu. A canção que você está ouvindo — diz-me uma brasileira em lágrimas — está sendo cantada em público pela primeira vez em seis anos. Ela está proibida porque chama a população para tomar o poder (...) A manifestação religiosa se converte rapidamente em uma grande assembleia de trabalhadores, em uma manifestação política pelos direitos humanos e liberdades civis. A multidão clama "Liberdade! Liberdade". Foi ali que, três meses antes, haviam ocorrido greves, consideradas ilegais pelo governo, ali haviam perseguido e

13. G. F. Svidercoschi, *Kard. Stanisław Dziwisz. Świadectwo*, *op. cit.*, p. 94.
14. Viagem Apostólica do Santo Padre ao Brasil. *Discurso do Papa João Paulo II aos moradores da favela do Vidigal no Rio de Janeiro*, Rio de Janeiro, 2 de julho de 1980. Disponível em: <http://www.vatican.va/holy_father/john_paul_ii/speeches/1980/july/documents/hf_jp-ii_spe_19800702_vidigal-brasile_po.html>

cassado os "líderes do bando", aos quais o Cardeal Arns concedeu abrigo em igrejas locais.[15]

A experiência do trabalho pesado nas pedreiras e o fato de, durante sua juventude, ter testemunhado os problemas dos trabalhadores, que Wojtyła compreendia perfeitamente e respeitava, aproximaram-no ainda mais da classe operária de São Paulo. Falando aos trabalhadores, o Papa afirmou que a Igreja está comprometida com os mais pobres. João Paulo II falou da obrigação de redobrar os esforços para a evangelização das camadas mais pobres da sociedade, "a festa cristã da alegria não é um luxo reservado aos ricos. Todos estão convidados a participar dela".[16] Lembrou o compromisso de trabalhar pela justiça social: "A Igreja, quando proclama o Evangelho, procura também obter, sem por isso abandonar seu papel específico de evangelização, que todos os aspectos da vida social, onde se manifesta a injustiça, sofram uma transformação para a justiça".[17] Em seus ensinamentos também não faltaram demandas socioeconômicas:

> Seguindo o exemplo dos primeiros cristãos, que em comunidade compartilhavam suas posses, queremos que também vocês compartilhem conosco aquilo que produzimos (...) Queremos que o trabalhador derrube a barreira imposta pelo sistema dominante e, abandonando a passividade, torne-se um fator de transformação social. Estamos à procura de uma nova ordem em que o trabalhador

15. T. Nowakowski, *op. cit.*, p. 214.
16. Jan Paweł II w Brazylii, 30 VI — 11 VII 1980. *Przemówienia, homilie, modlitwy*. oprac. A. Posiad, Varsóvia: Wyd. Instytut Wydawniczy PAX, 1985, p. 205.
17. Viagem Apostólica do Santo Padre ao Brasil. *Discurso do Papa João Paulo II durante o encontro com os trabalhadores em São Paulo*. Disponível em: <http://www.vatican.va/holy_father/john_paul_ii/speeches/1980/july/documents/hf_jp-ii_spe_19800703_operai-brasile_po.html>

> aproveite os frutos de seu trabalho, e mais ainda: decida o seu próprio destino.[18]

As palavras proferidas pelo Papa em São Paulo soaram como o programa político radical perseguido pelo Partido dos Trabalhadores de Luiz Inácio da Silva, conhecido no Brasil pelo apelido de "Lula". Após os — então — recentes acontecimentos na Polônia, como o surgimento do sindicato Solidariedade sob a liderança de Lech Wałęsa, fala-se de Lula como o "Wałęsa brasileiro".

Em Curitiba, a origem polonesa de João Paulo II foi muito evidenciada. O Papa achava-se no estado do Paraná, em grande parte colonizado por imigrantes da Europa oriental, cujos descendentes formam hoje uma comunidade específica. O estádio Couto Pereira em Curitiba reuniu cerca de 70 mil brasileiros, entre os quais muitos de origem polonesa. Receberam o Papa como em sua terra natal. Cantaram canções polonesas. Chegaram até a reconstruir uma cabana como a dos primeiros colonos poloneses. "Numa missa polonesa surge a comunidade judaica com a bandeira de Israel. Isso ainda não havia acontecido. A multidão brada: 'Shalom! Shalom!'"[19] Em seu discurso de saudação, o Papa João Paulo II disse:

> Vocês tinham direito a esse encontro, assim como eu, e tinha direito a ele também a nossa pátria. Muitos de vocês decerto jamais a viram. Mas isso não muda o fato de que é de lá que vocês provêm. E essa é a chave, uma das muitas, mas certamente importante, para o mistério dos seus corações (...) Estou diante de vocês como seu conterrâneo, mas também como o Sucessor de Pedro e Pastor da Igreja católica, estou diante de vocês como testemunha de Cristo e de Sua

18. Jan Paweł II w Brazylii, 30 VI — 11 VII 1980, *op. cit.*, 1985, p. 106.
19. T. Nowakowski, *op. cit.*, p. 215.

> Cruz. O Mistério da Cruz e da Ressurreição está profundamente inscrito na história da nossa Pátria.[20]

Em Recife, os pernambucanos também receberam com entusiasmo o Papa João Paulo II. Diante de 400 mil fiéis, o Santo Padre deu um forte abraço no mais controverso sacerdote brasileiro, Dom Helder Câmara, endossando suas demandas: "A terra é dom de Deus, dom que Ele faz a todos os seres humanos (...) Não é lícito, portanto, porque não é segundo o desígnio de Deus, gerir esse dom de modo tal que seus benefícios aproveitem só alguns poucos, ficando os outros, a imensa maioria, excluídos".[21]

Em Fortaleza, Karol Wojtyła abriu o Congresso Eucarístico Nacional. Reuniu-se também com 318 bispos brasileiros. Durante um discurso de quatro horas realizado a portas fechadas para a Conferência dos Bispos do Brasil, o Papa falou sobre a natureza especial da Igreja enquanto comunidade religiosa e sobre a necessidade de fortalecer a unidade entre os católicos. "João de Deus" conclamou os bispos a construir uma Igreja pronta a cuidar dos pobres, uma Igreja do povo e para o povo, mas também uma Igreja com uma doutrina e com líderes ordenados, com um clero que seja, sim, partidário da justiça social, mas não com sacerdotes políticos ou revolucionários.

No último dia de sua peregrinação de doze dias pelo Brasil, o Santo Padre esteve em Manaus, a capital do Amazonas. O já citado

20. Homilia Jana Pawla II, Kurytyba, 5 lipca 1980. Disponível em: <http://www.vatican.va/holy_father/john_paul_ii/travels/sub_index1980/trav_brazil.htm>
21. Viagem Apostólica do Santo Padre ao Brasil. *Homilia do Papa João Paulo II para os trabalhadores do campo.* Recife, 7 de julho, 1980. Disponível em: <http://www.vatican.va/holy_father/john_paul_ii/homilies/1980/documents/hf_jp-ii_hom_19800707_recife-brazil_po.html>

Tadeusz Nowakowski, escritor e repórter polonês, que acompanhava o Santo Padre em suas peregrinações por todo o globo (e autor de seis volumes de reportagens), assim escreveu sobre essa viagem:

> O Amazonas não é Minas Gerais: lá é impossível fazer uma ligação para a Europa. Porque lá não existe telefone, são pombos-correios que ligam a selva ao mundo. Desde que, pelo caminho, não sejam atingidos por um tiro certeiro de arco e flecha e acabem na garganta dos nativos. Também não se pode contar com a possibilidade de enviar mensagens em garrafas, porque as fortes correntes do rio Amazonas repelem as águas do oceano (...) Os índios, vindos do coração da floresta, acreditam que, se o Papa lançar um olhar sobre seus filhos, estes terão boas condições de vida na cidade. Chega a dar medo ver o que acontece aqui. Índias nuas correm atrás de uma carroça com seus bebês carregados nas costas. Elas os seguram pelas pernas. As cabecinhas dos pequeninos batem ritmicamente nas costas das mães seguindo o compasso da corrida.[22]

Durante a estada em Manaus, João Paulo II encontrou-se com líderes de cinco tribos indígenas, que lhe falaram sobre os efeitos da civilização e da submissão econômica da floresta na região da maior bacia hidrográfica do mundo: "Estamos sendo massacrados, retirados de nossas terras, esmagados pelos projetos de industrialização, pelas atividades empresariais, pelos invasores que roubam a nossa terra e nossos produtos e nos expulsam de nossa pequena pátria, lançando-nos neste país sem fim".[23] Em seu discurso às autoridades, o Papa clamou:

> Confio aos poderes públicos e outros responsáveis os votos que, neste encontro com vocês, eu faço de todo o coração em nome do Senhor: que a vocês, cujos antepassados foram os primeiros habitantes desta

22. T. Nowakowski, *op. cit.*, p. 216.
23. D. del Rio, *Wojtyła. Un pontificato itinerante.* Bolonha: Edizioni Dehoniane, 1994, p. 183.

terra, seja reconhecido o direito de habitá-la na paz e na serenidade, sem o temor de serem desalojados em benefício de outrem, mas seguros de um espaço vital que será a base não somente para a sua sobrevivência, mas para a preservação de sua identidade como grupo humano, como verdadeiro povo e nação.[24]

Quando, em 12 de julho, após uma procissão no Rio Negro, o avião de João Paulo II regressou a Roma partindo de Manaus, milhões de brasileiros viam o Papa polonês como seu pai e seu guia espiritual. As multidões, ao se despedirem dele, clamavam: "Volte, volte".

Foi maravilhoso no Brasil:

> Não poderia ter sido melhor. O Papa, mais uma vez, tinha obtido um sucesso visível. E cada sucesso é um sucesso da Causa que ele representa (...) O Papa: ídolo dos estádios. Isso era algo que até então não existira na história do papado. E não apenas no Madison Square Garden, em Nova York, ou no Parc des Princes, em Paris. João Paulo II também cativa os jovens no Rio de Janeiro e em Fortaleza. "Carnaval de Jesus" — publicam os jornais (...)... O que um polonês de Wadowice é capaz de fazer nesse país. Ele não é apenas o Papa, é Kościuszko.[25]

Quando o Papa retorna do Brasil para Roma, "em sua terra natal — cuja situação, apesar de muitas diferenças, lembra a do Brasil (desilusão e dívidas depois de um malogrado 'salto' industrial, uma ditadura enfraquecendo) — começam as convulsões sociais..."[26] As palavras de João Paulo II, que condenavam a injustiça e a restrição das liberdades no Brasil, vão ganhar um profundo significado um pouco mais tarde, durante a visita do Santo Padre à Polônia.

24. Homilia Jana Pawla II, Manaus, 10 lipca 1980. Disponível em: <http://www.vatican.va/holy_father/john_paul_ii/travels/sub_index1980/trav_brazil.htm>
25. T. Nowakowski, *op. cit.*, p. 213-215.
26. J. Moskwa, *op. cit.*, p. 142.

A primeira peregrinação do Papa João Paulo II ao Brasil foi um evento especial para os sul-americanos. O Papa, após travar contato direto com a dramática realidade daquela população, chamou a Igreja brasileira a lutar pelos mais vulneráveis e mais pobres do país. E seus líderes, a atuar em defesa dos direitos humanos, da justiça social, da liberdade e da paz. Como afirmam alguns historiadores (da Igreja e da América do Sul), durante esses doze dias o papa conseguiu alcançar certo grau de unidade nesse país ainda dividido.

Hoje, João Paulo II não está mais entre nós. Certamente, "Podemos ter a certeza de que o nosso amado Papa agora está na janela da casa do Pai, vê-nos e abençoa-nos. Sim, abençoe-nos, Santo Padre".[27] E os brasileiros com certeza cantarão novamente: *A bênção, João de Deus!*

27. Missa das Exéquias do Romano Pontífice João Paulo II. *Homilia do Cardeal Joseph Ratzinger.* Praça de São Pedro, 8 de Abril de 2005. Disponível em <http://www.vatican.va/gpII/documents/homily-card-ratzinger_20050408_po.html>

Capítulo I. Quem foi João Paulo II

1. Entender João Paulo II

Tentam me entender pelo exterior. Mas a mim só se pode entender pelo interior.[1]

HÁ MUITO TEMPO se tenta desvendar João Paulo II. Mais exatamente, tenta-se desvendar não a ele, mas a sua "polonidade". Entender João Paulo II a partir de seu íntimo significa justamente entender a sua "polonidade", bem como responder à pergunta: quanto de Polônia havia no Papa polonês?

A origem polonesa de João Paulo II traz consigo implicações que estão associadas à herança histórica e cultural específica de sua nação. Para que não julguem a autora deste livro de tendenciosidade, citarei um fragmento de um texto do escritor e jornalista francês, membro da Academia Francesa, André Frossard:

1. Conversa de George Weigel com o Papa João Paulo II, 7 de março de 1996. *In*: *Świadek nadziei*, *op. cit.*, p. 18.

Primeiramente — é uma herança de proximidade e de encontro de duas tradições cristãs e de duas culturas: uma ocidental, que tem seu centro em Roma; outra oriental, ligada geneticamente a Constantinopla (...) A segunda implicação da polonidade, que igualmente tem suas raízes na experiência histórica, é a relação particular com a questão da liberdade de consciência e de religião (...) A afirmação da liberdade em relação ao que é mais íntimo no ser humano é algo que se deve portanto à herança espiritual do Papa polonês.[2]

"Polonidade" designa aqui toda a riqueza pessoal de Karol Wojtyła e, por conseguinte, sua juventude, sua doutrina, sua formação, seus conhecimentos, sua maneira de ver o mundo, o fato de ser poeta e também sua experiência durante os anos de episcopado, assim como a família, a infância e os primeiros amigos. A "polonidade" do Papa é também o Teatro Rapsódico e o fato de ter sido ator:

uma natureza criativa e ativa, ao mesmo tempo contemplativa, dotada de um impulso interior e de um talento para generalizações historiosóficas, capaz de perceber o que é pessoal, individual, único; de sentir o peso da palavra, seu tom, expressão, sabor — porque atormentada pela necessidade de expressar o inexprimível...[3]

A "polonidade" é também a cultura original de expressão, a maneira de se comportar, os gestos e até o sorriso. Não é possível portanto esconder que:

João Paulo II em sua maneira de ser, em suas emoções, em seu temperamento — é muito polonês; a energia que emana dele é cálida, familiar, gera ressonância, como ondas de comprimento semelhante.

2. A. Frossard, *Nie lękajcie się! Rozmowy z Janem Pawłem II*. Cidade do Vaticano: Libreria Editrice Vaticana, 1982, p. 27-28.
3. Z. Żakiewicz, "Twórczy śmiech Pana Boga". *In*: Dybciak, *Jan Paweł II w literaturze polskiej. Antologia tekstów literackich*. Varsóvia: Centrum Myśli Jana Pawła II, 2008, p. 189.

> Mas ao mesmo tempo nos damos conta de que esta não é uma polonidade "comum". Esse ser humano extraordinário tomou o que de melhor havia na Polônia e em sua cultura.[4]

Karol Wojtyła era filho de uma nação que sobreviveu a terríveis experiências ao longo da história, que foi várias vezes condenada por seus vizinhos ao aniquilamento, mas que não se rendeu. Manteve sua própria identidade e, entre partilhas e ocupações de seu território, conservou sua soberania enquanto nação, não tendo baseado sua sobrevivência no recurso a qualquer outra força que não fosse sua própria cultura, que no caso demonstrou ser a maior de suas forças.

Paralelamente, o Papa acompanhou o desenvolvimento dos processos históricos e ideológicos do século XX, que levaram à eclosão do mal, bem como testemunhou a superação desses processos. Foi justamente nesse período que surgiram e se desenvolveram as "ideologias do mal" que foram o nazismo e o comunismo.

> Tanto os nazistas durante a guerra como depois os comunistas no leste da Europa procuravam esconder o que faziam da opinião mundial. O Ocidente, pois, não quis acreditar durante muito tempo no extermínio dos judeus. Só posteriormente tudo veio à tona. Nem mesmo na Polônia se sabia de tudo o que os nazistas faziam com os poloneses ou o que os soviéticos fizeram com os oficiais poloneses em Katyń, e a terrível história das deportações era só em parte conhecida.[5]

Como resultado, ruíram os fundamentos da filosofia do mal.

> É justo afirmar que o fim do comunismo resultou do colapso de seu programa político-ideológico, do sistema social, e especialmente dos planos econômicos. Mas é igualmente verdade que antes ainda — como escreveu Karol Wojtyła na encíclica *Centesimus annus* — foi um colapso de ordem espiritual resultante de uma suposição prome-

4. Z. Żakiewicz, *ibidem*, p. 189.
5. Jan Paweł II, *Pamięć i tożsamość*, *op. cit.*, p. 22.

> teica, segundo a qual é possível construir um novo mundo, criar outro ser humano eliminando Deus deste mundo e apagando-o da consciência humana.[6]

É difícil imaginar a Polônia do último quarto do século XX sem João Paulo II. Por vinte e cinco anos, afinal, testemunhamos como o Santo Padre, oriundo da cultura polonesa, levou a experiência da história de seu país para a Igreja e para o mundo. E, muito tempo depois, pudemos observar como essa sua contribuição pessoal amadureceu e ganhou caráter universal no serviço como Papa. A tal ponto que seu pontificado foi um tempo de profundas mudanças. Parece então que a Polônia e sua história estavam presentes onde João Paulo II estava. Cada canto do mundo que o Santo Padre visitou ficou sob influência indireta da Polônia.

Karol Wojtyła não se limitou a incorporar em seu magistério apostólico ideias relacionadas com a experiência da história da Polônia; ele também contribuiu para concriar a ideia de polonidade, tendo participado das discussões em torno da compreensão desse conceito, discussões essas que aconteciam desde os tempos da partilha do território polonês entre seus vizinhos em fins do século XVIII. A atuação do Santo Padre nessas discussões consistia não apenas no fato de que ele falava como Papa polonês, mas, sobretudo, em seu método, que consistia em enxergar a ideia de polonidade em categorias personalistas, ordenando a relação entre pessoa e nação. João Paulo II não apenas se serviu da tradição polonesa, como também a concriou numa fase excepcional da história de seu país: o período da revolução marxista e do totalitarismo num primeiro momento e, depois, o da desconstrução da herança espiritual europeia.

6. G. F. Svidercoschi, *op. cit.*, p. 162.

A abordagem da polonidade adotada pelo Papa se dava em muito planos e de várias maneiras, considerava tanto a continuidade da experiência de nação como a necessidade de novas interpretações dessa experiência, também na dimensão literária, cristã e cultural.

A literatura polonesa é uma dentre as muitas experiências polonesas de Karol Wojtyła.

Seus mestres foram os grandes poetas românticos e neorromânticos, especialmente Cyprian Kamil Norwid, vate nacional e pensador religioso. "Cyprian Norwid deixou uma obra da qual emana uma luz que permite penetrar profundamente na verdade de ser humano, cristão, europeu e polonês."[7] A fascinação por Norwid teve início já na primeira juventude de Wojtyła, consolidou-se durante o período em que cursou Letras na Universidade Jagielloński e, mais tarde, exerceu grande influência em todo o seu pontificado. A obra de Norwid

> foi constituída por uma profunda estética da fé em Deus e em nossa humanidade divina. A fé no Amor que se revela na Beleza, que "entusiasma" para o trabalho, abre a expressão de Norwid para o mistério da aliança que Deus estabelece com o homem, para que este possa viver como Deus vive. Canto sobre a beleza do Amor e sobre o trabalho, *Promethidion* mostra o próprio ato da criação, no qual Deus revela aos homens o vínculo que une trabalho e amor.[8]

O trono de Pedro foi então ocupado por alguém preparado por Norwid para interpretar a história de sua Nação e de toda a humanidade. João Paulo II se serviu posteriormente dos pensamentos e da obra de Cyprian Norwid em suas homilias e citou-os em seus

7. K. Dybciak, *Nowy elementarz Jana Pawla II na trzecie milenium*, Cracóvia: Wydawnictwo Literackie, 2005, p. 69.
8. K. Dybciak, *ibidem*, p. 69.

textos papais, inserindo o poeta no circuito do pensamento universal. As ideias norwidianas sobre o trabalho foram usadas pelo Papa já em sua primeira encíclica, "*Laborem exercens*" (1981). Na homilia, durante a santa missa no hipódromo de Wrocław, em 21 de junho de 1983, ele mencionou o "Memoriał o młodej emigracji" ("Memorial sobre a jovem emigração"), escrito por Norwid:

> Ao que é fome justa e sede de justiça na vida da Nação é preciso responder de modo tal que toda a Nação readquira confiança recíproca. Não se pode destruir nem reprimir isso. Não se pode negligenciar isso, pois, como diz nosso Poeta, a Pátria é um grande Dever — coletivo.[9]

E num pronunciamento dirigido a artistas na Igreja da Santa Cruz em Varsóvia, em 10 de junho de 1987, ensinando sobre o amor, a verdade e a beleza, citou um fragmento de *Promethidion*:

> O espírito humano vive pela verdade e pelo amor. Daí nasce também a necessidade da beleza. Disse o poeta: "E o que sabes sobre a beleza...? É a forma do Amor". Esse amor é, porém, criativo. É um amor que traz inspiração. Que traz profundas razões para a ação criativa do homem.

No 180º aniversário de nascimento de Norwid, durante uma audiência para funcionários do Instituto Polonês em Roma e para pesquisadores da obra desse poeta, João Paulo II lhe prestou homenagem. O Santo Padre observou:

> Todos temos uma grande dívida para com esse poeta — o quarto vate — e queremos aproveitar esta efeméride para saldar essa dívida em

9. Jan Paweł II, "Homilia podczas uroczystej Mszy św. na hipodromie wrocławskim. Wrocław", 21 de junho de 1983. *In*: *Musicie od siebie wymagać*, Poznań: W Drodze, 1984, p. 337-339.

> alguma medida. Sempre achei que Cyprian Norwid deveria descansar na cripta dos vates, na catedral do Wawel (...) Felizmente, agora ao menos uma urna com terra da sepultura coletiva em que o poeta foi enterrado encontrará, no Wawel, o lugar que lhe é devido na Pátria, pois a Pátria, escreveu Norwid, "é o melhor lugar para descansar e morrer".[10]

No discurso do Papa, a passagem relativa ao sentimento de proximidade espiritual de João Paulo II com a obra de Norwid soou de modo especialmente pungente: "Gostaria honestamente de saldar minha dívida pessoal de gratidão com esse poeta, com cuja obra sinto-me ligado espiritualmente e de modo tão íntimo desde os tempos de ginásio", afirmou o Santo Padre. Recordou que

> durante a ocupação alemã, os pensamentos de Norwid sustentavam nossa esperança em Deus e, no período de injustiça e desprezo com que o regime comunista tratava o ser humano, eles nos ajudaram a permanecer na verdade e a viver com dignidade.[11]

As peregrinações de João Paulo II para a Polônia também comprovam que muito da pátria permaneceu no coração do Papa polonês. Ao mesmo tempo, elas causam admiração diante da magnitude do trabalho do Papa para formar e retificar a maneira de se pensar sobre a Polônia. Parece que em nenhum outro lugar o Santo Padre se sentia tão bem nem era tão espontâneo e alegre quanto em sua terra. Sem dúvida foi possível observar isso em suas oito peregrinações à Polônia. Foi possível perceber isso em seus gestos, em suas brincadeiras e nas palavras que compunham suas homilias, nas quais ele confirmava o grande

10. K. Wojtyła, "O Cyprianie Norwidzie w 180. rocznicę urodzin poety", in: *Poezje dramaty szkice; Tryptyk rzymski*; wstęp Marek Skwarnicki. Cracóvia: Znak, 2004, p. 579.
11. *Ibidem*, p. 580.

conhecimento que tinha da história de seu país e fortalecia nossa convicção de que possuía uma capacidade rara para relacionar fatos do passado com temas presentes e futuros. Ao mesmo tempo, durante suas viagens pastorais pelo mundo, o Papa frequentemente se referia à história do seu país, às suas raízes, à realidade polonesa, ao legado de sua nação. Seu magistério sem dúvida contribuiu para estabelecer laços de entendimento entre a Igreja polonesa e outras Igrejas.

Muito da Polônia também permaneceu nas orações de João Paulo II. O Papa certa vez disse que oramos melhor em nossa língua materna. Provavelmente, então, era em sua língua materna, o polonês, que Karol Wojtyła confiava a Deus as grandes e pequenas questões. E pelo que orava João Paulo II? O Santo Padre dizia:

> A oração do papa tem no entanto uma dimensão particular. *A solicitude por todas as Igrejas* impõe todo dia ao pontífice que peregrine pelo mundo inteiro com a oração, com o pensamento e com o coração. Assim se delineia uma espécie de *geografia da oração do papa*. É a geografia das comunidades das Igrejas, das sociedades e também dos problemas que angustiam o mundo contemporâneo. Nesse sentido, então, vê-se o papa chamado a uma *oração universal*, na qual a *sollicitudo omnium Ecclesiarum* lhe permite expor diante de Deus todas as alegrias e as esperanças e, ao mesmo tempo, as tristezas e as preocupações que a Igreja compartilha com a humanidade contemporânea.[12]

O ícone de oração do Papa também continuou sendo explicitamente polonês. A *Madona Negra* de Częstochowa acompanhava a oração do Santo Padre, tanto na capela junto a seus aposentos

12. João Paulo II, *Cruzando o limiar da esperança*. Traduzido por Antonio Angonese e Ephraim Ferreira Alvez. Rio de Janeiro: Livraria Francisco Alves Editora Ltda. 1994, p. 42.

pessoais no Vaticano, quanto durante o trabalho em seu escritório particular.

Muito da Polônia ficou também no modo como João Paulo II entendia a história. Wojtyła recebeu ainda na juventude a sua maior lição de história da Polônia: quando o Estado polonês desapareceu do mapa do mundo, foi por sua cultura — língua, literatura, religião — que a nação sobreviveu. Um famoso intelectual norte-americano, autor da principal biografia do Papa polonês, também percebeu isso:

> Meditando sobre isso e enriquecendo essa reflexão com as experiências da ocupação nazista e da usurpação da liberdade na Polônia comunista, Karol Wojtyła chegou à conclusão de que deveria mudar o curso dos acontecimentos do século XX: a cultura é a força motriz da história. No longo prazo, nem a política nem a economia predeterminam a história.[13]

O jornalista observou acertadamente que, na opinião do Papa, é justamente a cultura que constitui a substância espiritual de uma nação e, portanto, sua identidade na história. Falamos aqui de cultura espiritual, na qual se exprime a transcendência da pessoa, sua relação interior com a verdade, a beleza, o bem e Deus. Ao lembrar o mundo que a cultura é a força mais dinâmica e atemporal na história, Wojtyła ao mesmo tempo lutava para devolver a cultura à sua própria nação, a cultura que, durante a guerra, os nazistas haviam tentado erradicar e os comunistas, por sua vez, tentavam reinventar.

Muito da Polônia permaneceu também no entendimento que João Paulo II tinha de patriotismo, concebido por ele como a vir-

13. G. Weigel, *op. cit.*, p. 8.

tude de amar a Pátria. O Papa definia o patriotismo de acordo com Norwid: "um grande Dever coletivo, da Pátria para com o homem e do homem para com a Pátria".[14] O patriotismo tinha aí um caráter personalista. Tratava-se, pois, do bem da Pátria como um todo, assim como do bem de cada pessoa que exerce a sua humanidade vivendo e agindo em conjunto com os outros. A pátria na visão de Wojtyła tinha um caráter de comunidade de indivíduos. O patriotismo de João Paulo II não se dava em categorias de pensamento político, mas sim numa concepção de nação em categorias religiosas. A menção a modelos de devoção à pátria correspondia à preocupação que o Papa tinha com a construção sensata do patriotismo contemporâneo. E, para o Santo Padre, um exemplo de amor heroico pela pátria era a biografia de Adam Chmielowski, que ficou conhecido como Irmão Alberto.

O Irmão Alberto, herói antirrusso da Revolta de Janeiro de 1863-1864 (canonizado em 1989), exerceu grande influência sobre o jovem Karol Wojtyła. Dessa fascinação pela figura do Irmão Alberto é que surgiria posteriormente o drama de Wojtyła intitulado *Brat naszego Boga* (*Irmão de nosso Deus*). João Paulo II enxergou um complemento do amor natural à Pátria no amor sobrenatural que consiste na imitação de Cristo. O patriotismo do herói evoluiu, passando do necessário engajamento militar na insurreição ao amor social incondicional dirigido às pessoas condenadas à pobreza. O Irmão Alberto é um representante do trabalho orgânico inspirado por motivos cristãos em prol da restauração da situação nacional, degradada pelas condições políticas e sociais.

14. Jan Paweł II, „Treść homilii wygłoszonej podczas Mszy Świętej na hipodromie", Wrocław, 21.VI.1983. *In*: *Nauczanie papieskie*, red. E. Weron SAC, A. Jaroch SAC, t. 6 (1983) cz. 1, Poznań/Varsóvia: Pallottinum, 1990, p. 791.

Muito da Polônia ficou também nas ponderações do Papa a respeito da liberdade da nação, como evidenciado por seus pronunciamentos durante suas peregrinações em 1997 e 1999. Após a queda do comunismo, a Polônia se tornou em certo sentido o primeiro experimento mundial de construção da liberdade por meio de instituições democráticas e de uma economia de livre mercado. A nomeação de um polonês para a Santa Sé, que desde os primeiros dias de seu ministério defendeu a liberdade e a dignidade humana, teve um imenso significado não apenas para a Polônia, que saía do regime comunista, mas para o mundo inteiro.

Dentre as experiências polonesas de Karol Wojtyła, há que se mencionar também a que se refere aos judeus. Wadowice, a cidade onde Karol Wojtyła nasceu, contava com cerca de 10 mil habitantes, dos quais um terço era de praticantes do judaísmo. Já como Papa, ele recordará:

> Lembro que ao menos um terço dos meus colegas de classe na escola em Wadowice era judeu. No ginásio, o número deles era um pouco menor. Fiquei amigo de alguns. E o que me impressionava em alguns deles era o patriotismo polonês. No fundo, a polonidade é multiplicidade e pluralismo, e não estreiteza e fechamento.[15]

Graças a esse cotidiano rico de amizade, Karol Wojtyła teve a possibilidade de conhecer o judaísmo por dentro. Poder-se-ia até supor que foi com base na fraternidade patriótica entre Karol Wojtyła e os judeus que ele deu início ao diálogo entre católicos e judeus, diálogo esse que se desenvolveu dinamicamente durante o pontificado do Santo Padre.

15. Jan Paweł II, *Pamięć i tożsamość*, *op. cit.*, p. 92.

Sem dúvida, hoje nos é mais fácil entender por que o Papa esteve em Auschwitz, o campo alemão da morte onde mais de 1 milhão de pessoas, na maioria judeus, foram assassinadas, e disse: "Não podia não estar aqui". E também por que razão decidiu fazer aquilo que nenhum dos líderes anteriores da Igreja católica até então havia feito, cruzar o limiar de uma sinagoga, fazendo com isso um gesto histórico de solidariedade e de reparação para o povo judeu. Parece então que a Igreja provavelmente necessitava mesmo de um papa polonês e da história de sua nação para evocar as raízes judaicas do cristianismo. Essa questão foi também observada pelo conhecido vaticanista e escritor italiano Gian Franco Svidercoschi:

> ... havia a necessidade de um papa como esse, que desde sempre viu o catolicismo em sua estreita relação com o Velho Testamento e assim o viveu. Havia a necessidade de um papa como esse, para rezar junto com os "irmãos mais velhos na fé", como ele mesmo os definiu, bebendo de sua fé, de seu grande amor pela Santa Escritura. Para o Santo Padre, no final da visita (à mencionada sinagoga), não podia haver palavras mais belas que aquelas com que se dirigiu a ele em conversa privada o rabino Toaff: "Nós, judeus, somos gratos a vocês, católicos, por terem apresentado ao mundo a concepção monoteísta de Deus".[16]

A voz da Polônia também esteve presente na arena internacional. João Paulo II tornou-se porta-voz e líder de sua pátria nos penosos tempos do comunismo. O cardeal Stefan Wyszyński, uma das maiores figuras do catolicismo do século XX, afirmou que:

> No seu tempo, quando aconteceu de a Polônia se encontrar em situação muito difícil, a Providência pôs no Vaticano um homem que

16. G. F. Svidercoschi, *op. cit.*, p. 220.

> podia ser — *via facti* — defensor da Polônia. Ele era esse homem (...) E agora a Polônia pode lidar com as dificuldades.[17]

E realmente a Polônia conseguiu fazê-lo.

> Em junho de 1979, João Paulo II, dissipando as mentiras, contribuiu para concretizar algo sem precedentes na Europa centro-oriental do pós-guerra. A Polônia tinha agora uma verdadeira sociedade civil, capaz de criar instituições independentes, cuja própria existência demonstrará o vazio do sistema comunista, assim como sua permanência unicamente em razão da força.[18]

Se aceitarmos, como afirma o célebre historiador britânico Norman Davies, que antes do surgimento do sindicato Solidariedade, "o essencial da experiência polonesa contemporânea é a humilhação, foi João Paulo II que tirou esse fardo de seus conterrâneos".[19] Graças a isso, ele possibilitou o surgimento de um movimento pacífico de defesa social como, entre outros, o sindicato Solidariedade sob o comando de Lech Wałęsa, movimento esse voltado para a renovação da moral da nação polonesa, tendo desse modo aberto para a "Polônia" uma janela para o mundo.

Sem dúvida havia muito da Polônia no Papa polonês. E a contribuição que João Paulo II deu à história do nosso tempo foi em muito marcada pela polonidade. Muitas ideias oriundas da tradição polonesa estão presentes na Igreja católica do século XXI. E muito da Polônia ficou nos corações de milhões de fiéis que,

17. Stefan Kardynal Wyszyński, *Do Senatu Akademii Teologii Katolickiej*, Varsóvia, Miodowa, 9 III 1981 — texto autorizado.
18. G. Weigel, *op. cit.*, p. 412.
19. N. Davies, *Serce Europy. Krótka historia Polski*, *apud* G. Weigel, *Świadek nadziei. Biografia Papieża Jana Pawła II*, Cracóvia: Znak, 2000, p. 411.

com impaciência, aguardavam a visita do Papa em cantos distantes do mundo. É importante então salientar que os inúmeros pronunciamentos do Santo Padre, referentes à compreensão da polonidade, aconteciam justamente em seus encontros com os fiéis. As viagens apostólicas de João Paulo II a todos os continentes constituíram ocasiões excepcionais para que o Papa inserisse em sua pregação reflexões a respeito do aspecto emigratório da polonidade, tão profundamente enraizado na história dos poloneses há mais de duzentos anos.

João Paulo II foi uma pessoa que durante toda a sua vida tirou forças de suas raízes. Nesse sentido, o solo pátrio sempre foi o lar espiritual do Papa polonês como nenhum outro lugar podia ser, e isso mesmo depois de ele ter vivido por mais de vinte anos em Roma.

2. O Papa polonês e o pontificado que mudou o mundo

> *João Paulo II — raio no céu da polonidade, iluminando nossos corações e mentes (...) Voz clamando de um cometa: "não tenham medo" (...) Pescador de homens, (...) pastor que ama o próximo, (...) herói dos nossos tempos (...); quem quiser alcançar seus princípios deve caminhar em frente, nadar contra a corrente, abra caminho, não desista.*[20]

O pontificado de João Paulo II exerceu enorme influência no destino do mundo e de toda a Igreja. A grandeza de seu pontifica-

20. A. Liszowski, *Dzieci Gór Sowich*, wybór i słowo wstępne B. Hebzda-Sologub, Dzierżoniów: Studio Edytor, 2007, p. 91-92.

do consiste não apenas nas grandes e históricas conquistas, mas principalmente em seus ensinamentos e em suas ações, que abriram novos horizontes para a Igreja. João Paulo II trouxe para seu pontificado a experiência de um filósofo profissional, capaz de fazer com competência reflexões sistemáticas, especialmente aquelas oriundas do entrecruzamento do tomismo e da fenomenologia, complementadas por uma ampla visão literária e teológica, sedimentadas na experiência da filosofia, literatura, teologia e cultura polonesas. Essa combinação proporcionou os vinte e seis anos do pontificado inovador do Papa polonês e suas conquistas sem precedentes.

O pontificado de Karol Wojtyła foi um dos mais longos e mais importantes da história milenar do cristianismo. Depois da morte de João Paulo II, um correspondente romano, redator da versão polonesa do *Osservatore Romano*, que observava de perto o herói de nossa história, assim escreveu: "O segredo desse pontificado foi a crença irrestrita em Cristo, marcada por uma relação pessoal com a Mãe do Salvador. '*Totus Tuus*' foi efetivamente o seu lema e programa".[21]

Em seu magistério, João Paulo II referia-se constantemente a dois textos conciliares: os parágrafos 22 e 24 da Constituição pastoral *Gaudium et spes*, sobre a Igreja no mundo contemporâneo. No parágrafo 22 da *Gaudium et spes*, os escritos do concílio ensinam que Cristo revela a face de Deus e também o verdadeiro significado da existência humana; o parágrafo 24, por sua vez, mostra que o sentido da vida humana deve ser encontrado na doação de si, e não na imposição da própria vontade.

21. A. Boniecki, "Jan Paweł Wielki", *Tygodnik Powszechny*, nº 5, 10/04/2005, p. 3.

O mundo deve muito ao Papa da Polônia. Ele mudou radicalmente o perfil do papado às portas do século XXI e do terceiro milênio, levando o ofício de papa de volta às suas raízes evangélicas, razão pela qual deixou de ser visto como o mais alto dignitário da Igreja, passando a ser encarado como um pastor e propagador do Evangelho:

> João Paulo II também mudou a forma de exercer o ofício de Papa não apenas por ser o primeiro papa eslavo na história e o primeiro chefe da Igreja em séculos não oriundo da Itália, mas principalmente porque encarna o ministério papal de que fala o Novo Testamento: Pedro é o primeiro evangelizador da Igreja, a primeira testemunha das verdades reveladas na vida, morte e ressurreição de Jesus Cristo (...) Esse é talvez o mais expressivo exemplo do radicalismo do Santo Padre — um homem que corajosamente introduz inovações, para quem a mudança significa um retorno às raízes, àquilo que, segundo sua crença, Cristo queria para sua Igreja.[22]

O Santo Padre deu vida nova à mais antiga instituição do mundo — a Igreja — por meio de suas peregrinações, escritos pessoais, homilias, livros, aparições públicas e encontros com os grandes deste mundo. Foi provavelmente o chefe de Estado e com certeza o papa que mais viajou pelo mundo. "Não podemos ficar esperando pelos fiéis na praça de São Pedro, devemos ir até eles", costumava dizer.[23] Visitou 135 países ao longo de 104 viagens, percorreu 1.247.613 quilômetros, o que corresponde a mais de trinta voltas em torno da Terra. Na própria Itália fez apenas 146 visitas. O Papa rezava missas em praças, estádios, aeroportos e atraía multidões de jovens cada vez mais numerosas. Sentia-se

22. G. Weigel, *op. cit.*, p. 1076.
23. K. Wojtyła, *apud* G. F. Svidercoschi, *op. cit.*, p. 91.

mais e mais à vontade fora da Santa Sé. Tinha-se até a impressão de que fora da Itália se sentia mais verdadeiramente ele mesmo do que quando estava no Vaticano. "Ando diariamente pelo caminho da geografia espiritual. Minha espiritualidade tem um certo aspecto geográfico — dizia com frequência."[24]

João Paulo II iniciava cada uma de suas peregrinações beijando o solo. Esse gesto expressava respeito pelos habitantes do país que visitava. E começou a maioria de suas viagens apostólicas, suas peregrinações de fé, com as palavras: "Venho como um papa-peregrino". Suas peregrinações sempre tinham como objetivo encontrar os fiéis da Igreja local e fortalecer os irmãos na fé. O momento culminante de todas as peregrinações era uma missa ao final da qual João Paulo II confiava o país em questão a Nossa Senhora. Em suas jornadas, o Santo Padre apontava a misericórdia como fonte da esperança que se baseia no Cristo Ressuscitado. Ressaltava que a misericórdia é um dever da Igreja e o homem é chamado a agir misericordiosamente a exemplo de Jesus. Lembrava-nos a todos da necessidade de viver pela misericórdia todos os dias.

Graças a sua autenticidade, a sua oração fervorosa, a seu estilo de ser e a seus gestos, João Paulo II se tornou o favorito da mídia. Praticamente todos os encontros de João Paulo II com fiéis foram transmitidos pela televisão. E era justamente graças aos meios de comunicação que ele podia ser visto ao mesmo tempo por ao menos meio bilhão de pessoas. Sob a luz dos refletores, câmeras e lentes, o povo observava como o Papa rezava pela paz no mundo, como clamava pelo respeito à dignidade do ser huma-

24. *Ibidem*, p. 92-93.

no, como falava do direito à liberdade e à fé. Ao mesmo tempo, ele chamava a atenção para os problemas dos enfermos, adorava crianças, atraía os jovens. Muitas vezes também tratou de temas caros à classe operária, falava sobre o valor do árduo trabalho por eles realizado e sobre o direito de reivindicar trabalho e pagamento justos.

Durante seu pontificado, o Papa escreveu catorze encíclicas — na primeira, *Redemptor Hominis I*, desenvolveu o seu programa: "O caminho da Igreja é o homem";[25] redigiu também quinze exortações apostólicas; treze constituições apostólicas; 45 cartas apostólicas. Krzysztof Dybciak, historiador da literatura e da cultura polonesas e autor da primeira monografia completa da obra literária de Karol Wojtyła, escreveu sobre a singularidade da obra do Santo Padre:

> Para tomarmos consciência de quão imenso é o legado de nosso Papa, recordemo-nos que as obras reunidas autorizadas por ele, publicadas pelo Vaticano a partir de 1979 (com o título de *Insegnamenti di Giovanni Paolo II*), incluem mais de vinte volumes, e cada um deles conta com cerca de mil páginas.[26]

João Paulo II promulgou também dois novos códigos de direito canônico, bem como o *Catecismo da Igreja católica*, primeira obra do gênero em mais de quatrocentos anos. Escreveu ainda muitos trabalhos filosófico-teológicos e obras literárias, entre elas: *Amor e responsabilidade* (1960); *Diante do ourives* (1960); *Pessoa e ato* (1969); *Não tenham medo* (1982); *Cruzando*

25. Jan Paweł II, *Encyklika Redemptor Hominis*. Cidade do Vaticano: Libreria Editrice Vaticana, 1979, p. 14.
26. K. Dybciak, *Nowy elementarz Jana Pawła II*, *op. cit.*, p. 255.

o limiar da esperança (1994); *Tríptico romano: meditações* (2003); *Erguei-vos! Vamos* (2004); *Memória e identidade* (2005); entre outros.

O pontificado de João Paulo II foi incomum no que se refere ao número de beatificações e canonizações. Ele celebrou 148 ritos de beatificação, nos quais proclamou 1.338 beatos. Em 51 atos de canonização, anunciou 482 santos. Além disso, o Papa elevou à dignidade de cardeal 232 sacerdotes, sendo esse número provavelmente o maior na história da Igreja. Deu início também a uma série de iniciativas pastorais de alcance eclesiástico internacional, como as Jornadas Mundiais da Juventude — a Jornada Mundial da Juventude de 2013 aconteceu no mês de julho, na cidade do Rio de Janeiro —; o Encontro Mundial das Famílias; a Jornada Mundial do Enfermo.

Também entraram para a história do magistério do Papa as janelas: a do Palácio Apostólico em Roma, a da cúria de Cracóvia na rua Franciszkańska nº 3, bem como a da policlínica Gamelli. Essas janelas foram um símbolo do profundo vínculo e da proximidade entre os fiéis e o Papa. A janela do Palácio Apostólico no Vaticano simbolizava de modo especial a unidade e a ligação do Papa com seus fiéis na oração, pois era diante dela que eles se aglomeravam, assim como milhões de espectadores e ouvintes diante das telas de televisão, para com o Santo Padre fazer a oração do *Angelus*. Mais tarde, quando João Paulo II partia para o encontro com Deus, esses fiéis fariam vigília diante dessa mesma janela.

Cada papa traz seu próprio estilo para a Igreja. O de João Paulo II consistia em ir ao encontro das pessoas. O Santo Padre recebia fiéis em audiências gerais, das quais participaram milhões de pessoas. Encontrava-se com visitantes em almoços e jantares, nos aposentos papais ou em suas peregrinações ao exterior. O Papa conversava com todos: ricos e pobres, embora aos segundos sempre tenha dedicado maior atenção. Ia ao encontro dos pobres nas favelas da América do Sul e dos miseráveis nos países do Terceiro Mundo. Recebia membros de famílias reais, ditadores e líderes de todo o mundo.

João Paulo II gostava de receber amigos. Um exemplo tocante disso é este:

> No fim de 1997, a convite do Papa, Piotr e Teresa Malecki, amigos de longa data de Karol Wojtyła, estiveram em Castel Gandolfo. O quarto deles ficava debaixo do apartamento papal, assim, todos os dias antes do amanhecer, ao ouvirem o bater da bengala, sabiam que seu anfitrião havia levantado. Certo dia, antes do café da manhã, o Papa perguntou se não se incomodavam com aquele barulho. Responderam que não, pois assim levantavam para ir à missa. "Mas por que o tio acorda tão cedo?" Karol Wojtyła, o ducentésimo sexagésimo quarto bispo de Roma, respondeu: "Porque gosto de ver o sol nascer.[27]

O Papa conversava também com as mulheres.

> Desde muito cedo, Karol Wojtyła sempre teve grande respeito pelas mulheres, por serem elas as mães das famílias. Esse sentimento também caracteriza seus conterrâneos, sendo uma tradição de seu país. O Santo Padre percebia que se respeitavam cada vez menos as mulheres no mundo atual, sendo elas tratadas por todos como simples objeto de desejo, de modo que ele ansiava devolver-lhes a dignidade e salientar o importante papel que elas desempenham na sociedade e na vida da Igreja.[28]

27. G. Weigel, "Trzecie tysiąclecie, Ujrzeć jak wschodzi słońce". *In*: *Świadek nadziei*, *op. cit.*, p. 1908.
28. G. F. Svidercoschi, *op. cit.*, p. 149.

Expressou seu respeito e apoio às mulheres em muitos documentos. No entanto, é a carta apostólica *Mulieris dignitatem* que constitui o seu verdadeiro hino em honra às mulheres.

João Paulo II arrebatava também os jovens. Que o Santo Padre amava os jovens, todo mundo sabia. Até o final de sua vida sentia que tinha uma conexão emocional especial com eles. Era o pai deles, o educador, mas acima de tudo um grande amigo. Fazia-lhes exigências, mas com imenso amor, cuidado e de modo tal que os mobilizava para a prática do bem. Dizia: "Vocês são a esperança da Igreja e do mundo — vocês são minha esperança".[29] Posteriormente, ao longo de todo o seu pontificado e de modo muito enfático, mostrava a situação dos jovens na Igreja e no mundo contemporâneos. Em carta dirigida aos jovens, ressaltou:

> Vocês, jovens, (...) são a juventude das nações e das sociedades, a juventude de cada família e de toda a humanidade — são também a juventude da Igreja. A sua juventude (...) é um bem grande e especial de todos. É um bem da própria humanidade. Em vocês está a esperança, porque vocês pertencem ao futuro, e o futuro pertence a vocês... A vocês pertence a responsabilidade por aquilo que se tornará presente junto com vocês e que agora ainda é o futuro.[30]

Anos depois, os jovens expressariam sua gratidão ao Santo Padre, reunindo-se debaixo da janela do Palácio Apostólico, enquanto ele partia para a Casa do Pai. "Eu busquei vocês, e agora vocês vêm até mim, e eu lhes agradeço por isso", disse João Paulo II ao

29. Jan Paweł II, *Przemówienie skierowanego dla zebranych na zakończenie Mszy świętej*, Roma, 22/10/1978. Disponível em: <http://www.jp2w.pl/pl/37711/0/Opatrznosciowe_wydarzenia_dla_Kosciola_i_swiata.html>.
30. Jan Paweł II, *List apostolski do młodych całego świata (Dilecti Amici) z okazji międzynarodowego roku młodzieży*, Roma, 1985. Texto disponível em: <http://www.sdm.org.pl/download/list/list.pdf>

saber que jovens estavam se reunindo na praça de São Pedro para acompanhá-lo em oração em seus últimos momentos e agradecer pelo testemunho de sua vida.

A grandeza de João Paulo II se revelou de modo especial no diálogo com outras religiões de expressão mundial. O Papa jamais abandonou as tentativas de manter o difícil diálogo ecumênico, rompeu barreiras nas relações entre a Igreja católica e o judaísmo. Ao mesmo tempo, procurou defender o mundo diante da perspectiva de uma guerra de civilizações envolvendo cristãos e muçulmanos. E seus encontros com praticantes do Islã em Casablanca e na mesquita dos Omíadas em Damasco foram emblemáticos. Foram dois acontecimentos sem precedentes. No Marrocos, o Santo Padre, pela primeira vez na história, foi convidado pelo governo oficial de um país muçulmano para falar a um povo muçulmano. Na Síria, foi o primeiro papa da história a visitar um tempo islâmico.

Não existe uma lista universal e exaustiva de títulos que comprovem todos os serviços e realizações do Papa polonês. Tampouco há uma chave para os segredos de João Paulo II, mas sem dúvida um dos mais importantes é a esperança. Não por acaso George Weigel deu ao seu livro o título de *Testemunha da esperança: a biografia do Papa João Paulo II*. Sim, o próprio Papa apresentou-se como testemunha da esperança em um fórum da ONU em 1995, ao dizer: "Estou aqui diante de vocês como testemunha, testemunha da dignidade do homem, testemunha da esperança, testemunha da convicção de que o destino de todas as nações se encontra nas mãos da Providência misericordiosa".[31]

31. Pronunciamento de João Paulo II na ONU, Nova York, 5 de outubro de 1995. Disponível em: <http://www.vatican.va/holy_father/john_paul_ii/speeches/1995/

Lembrar João Paulo II é lembrar uma pessoa cheia de senso de humor, que na velhice olhou com distância para as próprias doenças e fraquezas. É lembrar uma pessoa que fascinava os outros com sua personalidade rara, seu sorriso bondoso e sua espontaneidade. É também lembrar um polonês que atraía multidões por sua singularidade. "Não apenas pelo fato de que era um papa de um país distante, mas também pela admirável liberdade de espírito, graças à qual — como se falava então — agia como se tivesse sido papa desde sempre."[32] Cada um que teve a felicidade de se encontrar com ele sentia a irradiação de seu amor, sua santidade e a proximidade do próprio Deus. Lembrar João Paulo II é também lembrar seu legado literário e as peças de teatro de Karol Wojtyła. Os lugares com os quais estabeleceu uma ligação e que visitava quando padre, bispo, cardeal e depois como papa. É igualmente lembrar as pessoas que encontrou em seu caminho, a quem ele inspirou, apoiou e deu alento. Os lugares de suas peregrinações, os documentos papais que produziu, os discursos que fez, não revelam afinal a verdade sobre a vida do Santo Padre, mas podem ilustrar o alcance de suas ações e dar testemunho da imensa energia do Papa.

Poderia parecer que o Papa havia dito tudo em seu magistério. Entretanto, foi nos últimos dias de sua vida que ele lançou as maiores sementes. "Diante dos olhos de todo o mundo, produziu a mais pungente de todas as encíclicas, a 'encíclica do sofrimento humano'. O sofrimento de João Paulo II foi o mais belo texto sobre a vida dessa pessoa 'excepcional', que não exige explicações nem traduções em diferentes línguas. O texto é bem compreensível para

october/documents/hf_jp-ii_spe_05101995_address-to-uno_en.html>.
32. A. Boniecki, "Jan Paweł Wielki", *op. cit.*, p. 3.

jovens e velhos, pequenos e grandes, para crentes e para aqueles que se afastaram da Igreja. Essa 'encíclica do sofrimento humano' é distinta das escritas anteriormente pelo autor. Ela foi feita diante dos olhos de todos. Lê-se melhor, embora frequentemente com lágrimas nos olhos, pois o leitor é tomado pela dor e pelo sofrimento do Papa que padecia. O mundo foi testemunha do grande milagre que é a influência do amor de Cristo nas multidões por meio do longo sofrimento e morte de João Paulo II."[33]

Em 2 de abril de 2005, João Paulo II "retornou à casa do Pai". O que significou esse momento para nós, poloneses?

> Em certo sentido, sentido fundamental, o mesmo que para centenas de milhões de pessoas de outras nações em todo o mundo que, como nós, sentem de algum modo que ficaram órfãs com o falecimento do Santo Padre. Esse Papa afinal serviu e "amou mais que outros" não apenas à Igreja católica, mas também e especialmente ao seu "rebanho" natal, polonês. E sentia-se responsável por ele. Devemos nos lembrar disso, procurando entender o que Karol de Wadowice fez pela nossa sociedade e o que esperava dela — de nós (...) Sua missão não foi, evidentemente, dirigida somente aos poloneses. As reservas espirituais de João Paulo II tinham por arena e aposta o mundo inteiro. Ele abriu então as portas para Cristo e para a esperança cristã não somente na Polônia, na Europa oriental, mas também em países pobres do "Terceiro Mundo", ocupando-se intensamente e com cuidado de questões da África, visitada por ele muitas vezes, assim como da América Latina e da Ásia. Nos países da "velha" Europa e também nas ricas sociedades da América do Norte, João Paulo II iniciou com paixão o programa de uma nova evangelização — de retorno aos fundamentos do cristianismo, àquilo que se chama de civilização do amor, opondo-a à atual civilização da morte: do egoísmo, do aborto, da eutanásia.[34]

33. J. M. Lipniak, "Pontyfikat, który zmienił świat". *In*: *Jan Paweł II — sługa miłosierdzia*, Świdnica: Wyd. Tygodnika Kultury Chrześcijańskiej w Diecezji Świdnickiej, 2006, p. 54.
34. A. Nowak, *op. cit.*, p. 324.

Quem foi o polonês de Wadowice que se tornou papa? Quem foi esse indivíduo que mudou a face do mundo e da Igreja?

> Esse indivíduo "pacificador" acreditava a tal ponto nas pessoas — incluindo aquelas que o atacavam — que seria capaz de despertar nelas a vontade de confiar no ser humano. E a tal ponto acreditava em Deus que lhes trouxe de novo — quiçá — o desejo da fé, que é a sua contribuição. Assim é esse Papa. Os documentos da Sé Apostólica, as multidões e os jornais chamam-no João Paulo II, mas o nome que Cristo lhe deu é Pedro.[35]

35. A. Frossard, *op. cit.*, p. 306.

Capítulo II. Uma vida interessante em tempos difíceis

1. O percurso de Karol Wojtyła

A história da vida de Karol Wojtyła, chamado na infância pelos familiares e colegas da escola de Lolek, é exemplo de um dos grandes dramas da existência humana e certamente representaria um desafio para muitos dos melhores romancistas ou roteiristas de cinema.

A infância de Wojtyła foi marcada pela perda dos entes queridos. Lolek ficou órfão justamente quando mais se precisa dos pais e de seu amor. O drama da vida do futuro papa teve início quando sua amada mãe faleceu. Ela morreu antes de o então garoto completar dez anos. Sua irmã nasceu e morreu alguns anos antes de seu próprio nascimento. Alguns anos após a morte de sua mãe, Wojtyła perdeu o irmão. Em conversa com André Frossard, João Paulo II disse:

> Esses acontecimentos ficaram profundamente gravados em minha memória — a morte de meu irmão talvez até mais que a de minha mãe, tanto em razão das circunstâncias peculiares, pode-se dizer

trágicas, como também pelo fato de que eu já era então mais maduro. Eu tinha doze anos quando ele morreu (...) Assim, tornei-me então órfão de mãe e filho único relativamente rápido. Minha infância e minha juventude estão relacionadas principalmente com a figura de meu pai, cuja vida espiritual após a perda da esposa e do filho mais velho aprofundou-se incrivelmente. Eu observava de perto sua forma de viver, via o quanto exigia de si mesmo, via quando se ajoelhava para rezar. Isso foi da maior importância naquele período, tão significativo no processo de amadurecimento de um jovem. Um pai que exigia tanto de si mesmo em certo sentido não precisava ser exigente com o filho. Vendo-o, aprendi que é preciso ser exigente consigo mesmo e se aplicar para cumprir as próprias obrigações. O meu pai, que considero um homem extraordinário, morreu — quase de repente — durante a Segunda Guerra Mundial e a ocupação alemã, antes que eu completasse vinte e um anos de vida.[1]

Karol Wojtyła foi educado numa tradição patriótica cujo símbolo central era o castelo real do Wawel; as igrejas de Cracóvia, com destaque para a Catedral; a grande tradição da poesia romântica; a Polônia retratada nas rapsódias do *Król-Duch (O Rei-Espírito)* de Słowacki; ou o "teatro da Nação" de Wyspiański. Foi justamente no espírito dessa tradição que Karol Wojtyła absorveu as experiências pessoais dos tempos da guerra e da ocupação alemã.

Nos momentos difíceis, foi somente a fé que o impediu de duvidar do sentido da vida. Foi ela, em conjunto com um excepcional e já forte caráter, que o protegeu das tentações e ilusões da juventude. Mais tarde, essa mesma fé lhe permitiu sobreviver aos árduos momentos quando, nos primeiros anos da Segunda Guerra Mundial, teve que se submeter ao trabalho braçal em uma pedreira:

Alguns meses depois da morte de meu pai, fui transferido da pedreira para o interior da própria fábrica, para a sala de tratamento da água que era destinada à caldeira. Fui praticamente forçado ao trabalho

1. A. Frossard, *"Nie lękajcie się!" Rozmowy z Janem Pawłem II*. Cidade do Vaticano: Libreria Editrice Vaticana, 1982, p. 14-15.

pesado pelas circunstâncias. A Universidade Jagielloński, onde eu havia começado a estudar no outono de 1938, após ter concluído o ensino médio na minha cidade natal, Wadowice, fora fechada pelos alemães, e os professores — entre eles várias pessoas de idade que prestaram um grande serviço à ciência — foram levados para o campo de concentração de Sachsenhausen. Eu fazia Letras na Faculdade de Filosofia, conforme os interesses que tinha desde o ensino médio. O curso foi interrompido no início do segundo ano, e logo comecei a trabalhar na pedreira com meus colegas de faculdade.[2]

O jovem Karol Wojtyła trabalhou inicialmente como operário na pedreira de Zakrzówek, em seguida na Fábrica de Produtos Químicos Solvay, em Borek Fałęcki, perto de Cracóvia.

O amadurecimento da vocação sacerdotal de Karol Wojtyła está ligado ao período da Segunda Guerra Mundial. Esse processo teve como pano de fundo os terríveis eventos que ocorriam em torno de sua pessoa na Polônia, na Europa e no mundo inteiro. Diante do mal que se propagava e dos horrores da guerra, o sentido do sacerdócio e sua missão no mundo tornaram-se para ele algo extraordinariamente claro e nítido. A vocação sacerdotal, que resolutamente afastava dos pensamentos quando estudante, havia chegado.

> Agora começava a tomar forma a ideia que se tornaria definitivamente uma de suas convicções mais profundas, a de que nos surpreendentes planos da Providência não há lugar para o acaso. O fato de ter ficado órfão antes de chegar à maturidade; as qualidades intelectuais e uma inclinação antiga para a vida em oração; a pobreza que enfrentou nos tempos da ocupação; a paixão pelo teatro; as pessoas mais importantes em sua vida; todas essas coisas não foram fragmentos casuais, mas sinais ao longo do caminho, que o direcionavam para a vida sacerdotal.[3]

2. A. Frossard, *ibidem*, p. 15.
3. G. Weigel, *Świadek nadziei: biografia Papieża Jana Pawła II*, Cracóvia: Znak, 2000, p. 94-95.

O sacerdócio esperava por Karol Wojtyła no Teatro Rapsódico, no qual, juntamente com outros amantes da literatura, ele recitava poemas. João Paulo II disse:

> Está também vinculada a esse período a decisão crucial quanto à minha vocação. Ficou claro que Cristo me chamava para o sacerdócio. Isso ainda não era evidente para mim quando concluí o ensino médio — foi ficando claro gradualmente, no período que vai da morte de meu pai (fevereiro de 1941) até o outono de 1942. Nessa mesma época, trabalhando no pesado, eu continuava — na medida do possível dentro das condições de terror da ocupação alemã — a me interessar pela literatura, sobretudo a literatura dramática. A consciência da minha vocação para o sacerdócio tomou forma em meio a tudo isso; foi um fenômeno interior, absolutamente claro e inequívoco para mim. Eu me dava conta tanto daquilo que estava deixando quanto daquilo que pretendia fazer, "sem olhar para trás".[4]

Em outubro de 1942, Wojtyła entrou clandestinamente para o seminário e ingressou na Faculdade de Teologia da Universidade Jagiellońnski em Cracóvia, cujas atividades também se davam inteiramente na clandestinidade. Ainda trabalhava em Borek Fałęcki. Lia muito. A essa altura, não atuava mais no Teatro Rapsódico. Em 1º de novembro de 1946, recebeu o sacramento do sacerdócio das mãos do arcebispo metropolitano de Cracóvia, Adam Stefan Sapieha. Karol Wojtyła referia-se com frequência a esse importante dia, descrevendo-o com estas palavras:

> *Minha ordenação* aconteceu num dia em que, comumente, esse sacramento não é concedido: 1º de novembro é Dia de Todos os Santos, e toda a liturgia da Igreja está voltada para a experiência do mistério da Comunhão dos Santos e para a preparação para o Dia de Finados. Contudo, Sua Excelência Reverendíssima escolheu esse dia porque eu partiria em breve para Roma, para continuar meus

4. A. Frossard, *op. cit.*, p. 16.

estudos. Recebi o sacramento sozinho, na capela privativa dos bispos de Cracóvia.[5]

O futuro papa passou os dois anos seguintes em Roma. Karol Wojtyła recordava assim esse período de "intenso aprendizado de Roma":

> Jamais esquecerei as impressões de meus primeiros dias "romanos" em 1946, quando começava a me familiarizar com a Cidade Eterna. Inscrevi-me no *biennium ad lauream* no Angelicum. O padre Karol Kozłowski, reitor do Seminário de Cracóvia, disse-me muitas vezes que, para quem tem a felicidade de estudar na sede do cristianismo, é mais importante *estudar a própria Roma* (doutorado em teologia se pode fazer em qualquer lugar!). Em razão de seu conselho, procurei aproveitar (...) Meu sacerdócio, minha formação teológica e pastoral incluem quase desde o início as experiências que tive em Roma (...), defendi minha tese de doutoramento no começo de julho de 1948, no Angelicum, e logo em seguida retornei à Polônia. Já mencionei antes que, nesses dois anos em que vivi na Cidade Eterna, *estudei Roma* intensamente. A Roma das catacumbas. A Roma dos mártires. A Roma de Pedro e Paulo. São tempos que recordo sempre com profunda emoção. Ao partir de Roma, levei de lá não apenas uma certa formação teológica, mas também a fundamentação do meu sacerdócio e o aprofundamento da minha visão da Igreja. Nesse sentido, esse período de intenso estudo próximo às sepulturas dos Apóstolos me acrescentou muito.[6]

A primeira função pastoral do padre João Paulo II foi a de vigário da igreja da Assunção de Nossa Senhora, em Niegowić. Porém, um ano depois Karol Wojtyła foi transferido para a paróquia de São Floriano, em Cracóvia. Lá,

> o padre Wojtyła implementou uma série de inovações intelectuais, litúrgicas, culturais e pastorais que mudaram o caráter da pastoral

5. Jan Paweł II, *Dar i tajemnica. W pięćdziesiątą rocznicę moich święceń kapłańskich*. Cracóvia: Wyd. św. Stanisława BM Archidiecezji Krakowskiej, 2005, p. 31.
6. Jan Paweł II, *ibidem*, p. 39

acadêmica na arquidiocese de Cracóvia, contendo assim, um depois do outro, os esforços dos governantes stalinistas da Polônia, que tentavam remodelar a história e a cultura do país.[7]

Em 1954, Karol Wojtyła obteve o título de livre-docente na Universidade Jagiellońki, com uma tese que explorava a possibilidade de construir uma ética cristã servindo-se do sistema filosófico de Max Scheler. Depois que a Faculdade de Teologia foi fechada pelo governo comunista, Wojtyła passou a dar aulas na Universidade Católica de Lublin, a única universidade não estatal no império comunista que se estendia de Berlim até o oceano Pacífico. Lá ele foi coordenador da Cátedra de Ética na Faculdade de Filosofia. Mais tarde foi bispo auxiliar na arquidiocese de Cracóvia. Em 1963, foi nomeado pelo Papa Paulo VI como seu bispo ordinário, tornando-se arcebispo metropolitano de Cracóvia. Naquele período, o governo comunista intensificou a pressão sobre a Igreja.

> Como superar a realidade da nova ocupação, comunista, e fazer da libertação da Polônia uma "porta para Cristo"? Essa questão deve ter preocupado o jovem padre, depois bispo, Wojtyła. E é nesse contexto que se deve talvez entender a sua atuação — a questão que o trará enfim para a praça de São Pedro, em Roma, de onde ele repetirá, ecoando suas palavras de quase quarenta anos antes: "Abram as portas para Cristo". Então ele, o Papa polonês, tornou-se o portador da chave da "porta para Cristo" — abrindo-a para o mundo inteiro.[8]

Dominus adest et vocat te (Deus está aqui e te chama) — essas palavras, dirigidas a Karol Wojtyła durante o conclave em

7. G. Weigel, *op. cit.*, p. 217.
8. A. Nowak, in *Alfabet Jana Pawła II 1920-2005*, red. B. Gancarz. Cracóvia: Kluszczyński, 2005, p. 6.

outubro de 1978, deram início ao caminho que João Paulo II trilhou como papa.

> O Senhor chamou o pastor de Cracóvia para servir a Igreja católica, chamou o ator do Teatro Rapsódico para desempenhar o maior papel de sua vida — o de sucessor de são Pedro, que conduziria a humanidade até as portas do terceiro milênio (...) A escolha de João Paulo II foi recebida por ele próprio como a realização providencial do anúncio feito no poema de Słowacki a respeito de um papa eslavo. Aceitou essa escolha como a confirmação da missão que já considerava quando era um estudante de vinte e poucos anos. Uma missão que já não se restringia a essa parte da Europa, que lhe era a mais próxima, a eslava, e que compartilhava o mesmo destino — a opressão de governos comunistas, mas uma missão que incluía, a partir do momento da eleição do Papa da Polônia — o mundo todo.[9]

A nação polonesa, atingida, mas também fortalecida por inúmeras tragédias, alcançava, enfim, um grande momento. Comovido, o nestor dos escritores poloneses, Jarosław Iwaszkiewicz, então com 84 anos e presidente da União dos Escritores Poloneses (a única organização de escritores poloneses àquela altura), de modo um tanto patético escreveu:

> Com a pessoa de João Paulo II, também a cultura polonesa entrou na órbita da política internacional e das questões globais. Karol Wojtyła ocupou aquele trono investido do conhecimento europeu milenar de sua nação, bem como da breve, mas tão intensa experiência europeia, a experiência de sua vida (...) E com ele ocupou o trono vaticano toda a cultura polonesa, e mais, toda a cultura cracoviana, a cultura da Universidade Jagielloński e a cultura dos Piast de nossa mais cara cidade (...) Com a eleição para a Santa Sé, atrás da Porta de Bronze, de um aluno de duas universidades polonesas, a de Cracóvia e a de Lublin, de um erudito e poeta polonês, a cultura polonesa indubitavelmente conheceu uma grande glória

9. A. Nowak, *ibidem*, p. 7.

(...) Penso que a aclamação do cardeal Wojtyła como papa poderia ser a abertura de uma janela para a cultura polonesa — tão obstinadamente menosprezada no Ocidente — no assim chamado primeiro mundo.[10]

A designação de um papa vindo de Cracóvia teve um sentido algo simbólico. Não foi unicamente a nomeação de um homem, mas de toda a Igreja com a qual ele esteve ligado desde o nascimento.

Uma Igreja com um legado milenar de fé; uma Igreja que ao longo dos séculos concedeu tantos santos e beatos e cujos patronos são dois bispos e mártires — santo Adalberto e santo Estanislau. Uma Igreja profundamente envolvida com sua nação e sua cultura. Uma Igreja que sempre apoiou e defendeu a Nação, especialmente nos trágicos momentos de sua história. Mas também uma Igreja que passou por difíceis experiências neste século. Pois precisou travar um combate dramático por sua sobrevivência ao confrontar dois sistemas totalitários: primeiro, durante a Segunda Guerra Mundial, o da ideologia nazista e, depois, nas longas décadas do período pós-guerra, a ditadura comunista e seu ateísmo aguerrido. De ambas essas provações saiu vitoriosa, graças ao altruísmo de bispos, padres e de uma multidão de leigos — graças à família polonesa, "mais forte com Deus". Dentre os bispos dos tempos da guerra não se pode deixar de mencionar a figura do inabalável arcebispo de Cracóvia, Adam Stefan Sapieha, e, do período pós-guerra, a figura do servo de Deus, o cardeal Stefan Wyszyński. Trata-se de uma Igreja *em defesa do homem*, de sua dignidade e de seus direitos fundamentais, uma *Igreja pronta para lutar corajosamente pelo direito dos fiéis de praticar a sua fé*, uma Igreja *extraordinariamente dinâmica*, apesar dos obstáculos e das dificuldades que se acumularam em seu caminho.[11]

Indiretamente, a escolha de um polonês para suceder Pedro significava também um apelo à nação de Karol Wojtyła. João Paulo II vinha de um país distante.

10. *Apud* K. Dybciak, *Jan Paweł II w literaturze polskiej*, *op. cit.*, p. 129-130.
11. Jan Paweł II, *Dar i tajemnica*, *op. cit.*, p. 47-48.

> Na verdade, essa distância em termos geográficos não era tão grande. Os aviões a cobriam em pouco menos de duas horas. Ao me referir à distância, tinha em mente a "cortina de ferro", que ainda existia àquela altura. Nesse sentido, o Papa que vinha do lado de lá da "cortina de ferro" efetivamente vinha de longe, ainda que na realidade viesse do próprio centro da Europa. Pois o centro geográfico da Europa encontra-se justamente na Polônia.[12]

A escolha do Papa polonês lembrou ao mundo que "ao longo dos séculos a Polônia foi definida (inclusive nos documentos da Sé Apostólica) como *antemurale christianitatis* (baluarte da cristandade)".[13] E que o Papa, chamado desde o outro lado desse baluarte, trouxe consigo a experiência "da longa vigília dos poloneses..."[14]

No dia da inauguração oficial do pontificado do Papa eslavo, em 22 de outubro de 1978, João Paulo II falou para o mundo inteiro, mas dirigiu-se em particular aos seus conterrâneos na Polônia, ainda sob o jugo do regime comunista:

> Passou a ocupar hoje a Sé de Pedro em Roma um bispo que não é romano, um bispo que é filho da Polônia. Mas a partir deste momento também ele se torna romano. Sim, romano! Até porque é filho de uma nação cuja história, desde os seus alvores, e cujas tradições milenares estão marcadas por um ligame vivo, forte, jamais interrompido, sentido e vivido com a Sé de Pedro, de uma nação que a esta mesma Sé de Roma permaneceu sempre fiel.[15]

Depois, demonstrando compreensão para com o homem contemporâneo, deu uma resposta para o medo: "Irmãos e irmãs, não

12. Jan Paweł II, *Pamięć i tożsamość*, *op. cit.*, p. 146-147.
13. List Pawła VI do kardynała Wyszyńskiego, Primasa Polski, *Acta Apostalicae Sedis*, 17/12/1965, p. 58.
14. A. Frossard, *Nie lękajcie się!*, *op. cit.*, p. 26-27.
15. Omelia de Giovanni Paolo II per l'inizio del pontificato, 22 ottobre 1978. Disponível em: <http://www.vatican.va/holy_father/john_paul_ii/speeches/1978/documents/hf_jp-ii_spe_19781022_inizio-pontificato_it.html>

tenhais medo de acolher Cristo e de aceitar o Seu poder! E ajudai o papa e todos aqueles que querem servir a Cristo e, com o poder de Cristo, servir o homem e a humanidade inteira! Não, não tenhais medo! Antes, procurai abrir, melhor, escancarar as portas a Cristo!"[16] A imagem de portas que se abrem para Cristo tinha evidentemente um sentido metafórico.

> Trata-se do lugar da religião na vida da sociedade. A experiência da Polônia sob governos comunistas sugere a Karol Wojtyła que a liberdade religiosa é uma parte indissociável das liberdades civis. Mais — é seu ápice. Os regimes que praticam a ideologia marxista fecham-se não apenas para Deus, mas para o mundo. Abrir as portas para Cristo é abrir as portas para a liberdade. O papa expressa o programa de seu pontificado numa formulação lapidar (...) Mas, por enquanto, os portões de sua pátria não querem se abrir nem mesmo para ele (...) Não resta dúvida de que a visita à Polônia será o principal termômetro para medir o tratamento que os governantes do império comunista darão ao novo papa. Muitos entre eles receberam a escolha de João Paulo II como uma provocação, e talvez até como resultado de alguma conspiração anticomunista.[17]

Posteriormente, as autoridades comunistas farão de tudo para impossibilitar a ida do Papa à sua pátria, com receio de que Wojtyła pudesse despertar as aspirações libertárias dos poloneses. Uma apreensão especial criou-se em torno da data pensada para a visita, que marcava os novecentos anos de martírio e morte de santo Estanislau — bispo que foi morto por insubordinação às autoridades seculares. Nesse contexto, o extenso poema "Stanisław", escrito por Wojtyła pouco antes do conclave em 1978, terá um caráter muito simbólico. Esse texto fala do martírio como fonte do sentimento nacional polo-

16. Omelia, *ibidem*.
17. J. Moskwa, *Droga Karola Wojtyły*, *op. cit.*, p. 5-8.

nês e como modelo universal da vocação cristã. A Polônia é "Terra de uma difícil unidade. Terra de uma gente em busca de seus próprios caminhos./ (...) Terra submetida à liberdade de um só em face de todos./ Terra por fim dilacerada no decurso de quase seis gerações,/ dilacerada nos mapas do mundo! E nos destinos de seus filhos!"[18]

Contudo, ao longo desse martírio nacional, analogamente ao que ocorreu no martírio do bispo Estanislau, a Polônia permaneceu "unificada nos corações dos poloneses como nenhuma outra nação".[19]

A solidão e a dor acompanharam Karol Wojtyła desde sua infância, época em que perdeu entes queridos. Sofreu ainda um grave acidente: foi atropelado por um caminhão alemão durante a Segunda Guerra Mundial. Padeceu sob os grilhões nazistas. Carregou o peso da responsabilidade de ser bispo em tempos de regime comunista na Polônia. Mais tarde, ao longo do seu pontificado, pudemos ver o Santo Padre lutando contra o mal de Parkinson, andando numa cadeira de rodas, perdendo a voz. Mas João Paulo II enfrentou a doença e a dor física com grande serenidade e paciência. O atleta de Deus (*atleta di Dio*), como os italianos o chamavam, mesmo ao se dobrar diante da cruz da doença, não se retirou para a tranquilidade do Vaticano, mas permaneceu até o fim junto das pessoas e do mundo.

Quase toda a vida do Santo Padre consistiu em derrubar muros e construir pontes. Em nome do amor a Cristo, o Papa realizou trabalhos inovadores. O impossível revelava-se possível. Cada dia de seu pontificado desbravava os caminhos que conduzem ao ser humano real, para que este pudesse "abrir as portas para

18. K. Wojtyła, "Stanisław". *In*: *Poezje i dramaty.* Cracóvia: Wydawnictwo Literackie, 1998, p. 88.
19. *Ibidem*.

Cristo", Todos esses acontecimentos se compuseram para formar uma pessoa de têmpera excepcional, que conhecia a vida, a miséria, a solidão, a dor, a violência, mas também a fé, a solidariedade, o amor, a esperança — palavras-chave do final do nosso século.

2. Wadowice minha cidade

> *nesta cidade de Wadowice tudo começou: começou a vida, a escola, os estudos, o teatro... e o sacerdócio. É como dizem: não há lugar como nosso lar...*[20]

Karol Wojtyła veio ao mundo em 18 de maio de 1920, em Wadowice. Nessa pequena cidade às margens do rio Skawa, na região mais montanhosa da Polônia (os Beskidy), o futuro papa frequentou a escola fundamental e depois o Ginásio Público Marcin Wadowity.

Wojtyła manifestou muito cedo interesse pela literatura polonesa:

> Desde a infância sempre gostei de livros. Foi meu pai que me incutiu o hábito de ler. Sentava-se ao meu lado e lia para mim toda a obra de Sienkiewicz e de outros escritores poloneses. Quando minha mãe faleceu, ficamos apenas meu pai e eu. E ele continuou me incentivando a conhecer a alta literatura. Também nunca se opôs ao meu interesse pelo teatro.[21]

20. Jan Paweł II, *Tu wszystko się zaczęło...* Przemówienie podczas spotkania z wiernymi 16 czerwca 1999 w Wadowicach, Polska. Disponível em: <//http://www.vatican.va/holy_father/john_paul_ii/homilies/1999/documents/hf_jp-ii_hom_19990616_wadowice_po.html>
21. Jan Paweł II, *Wstańcie, chodźmy!* Cracóvia: Wydawnictwa św. Stanisława BM Archidiecezji Krakowskiej, 2004, p. 76.

Já no ginásio, Wojtyła assimilou profundamente a leitura dos clássicos do romantismo polonês: Adam Mickiewicz, Juliusz Słowacki, Zygmunt Krasiński, o neorromântico Stanisław Wyspiański e, sobretudo, o seu favorito: Cyprian Kamil Norwid. Esses cinco grandes poetas foram os defensores da alma nacional polonesa no século XIX, nos difíceis tempos de invasões, insurreições e tentativas obstinadas de liquidar a língua e a cultura polonesas por meio da assimilação russa ou alemã.

Wadowice também se orgulhava da fama de centro regional de cultura literária, incluindo aí o teatro amador e local. Nessa época, Karol Wojtyła, conhecido então como Lolek, engajou-se com entusiasmo nas atividades literárias do lugar. Nas escolas funcionavam grupos de teatro. A estreia de Wojtyła em cena foi com um papel em *Sobótka (A fogueira)*, de Jan Kochanowski. Um papel em *Ułani księcia Józefa (Ulanos do príncipe Józef)* de L. Mazur também lhe trouxe fama local. Atuou também em *Balladyna* e em *Kordian*, de Juliusz Słowacki, em *Zygmunt August*, de Wyspiański, e em *Śluby panieńskie (Votos de donzela)*, de Aleksander Fredro. Em quase todos esses espetáculos Karolek interpretou o papel principal. Halina Królikiewicz-Kwiatkowska, colega de escola que viria posteriormente a se tornar atriz de teatro em Cracóvia, recorda assim aqueles tempos: "No ginásio de modo geral achávamos que Karol Wojtyła se tornaria ator. Tinha um bom físico, era bonito, dotado de uma bela voz, de uma memória excelente e de uma dicção muito boa; era profundamente reflexivo e sensível — tudo isso o predestinava a essa profissão".[22] Passados 64 anos desde que interpretou o papel de Hêmon na *Antígona* de Sófocles,

22. H. Królikiewicz-Kwiatkowska, "Teatralne początki". *Apud*: K. Dybciak, *Jan Paweł II w literaturze polskiej*, *op. cit.*, p. 42.

Karol Wojtyła ainda se recordará do texto e, em sua peregrinação à Polônia, na praça do mercado, em Wadowice, recitará estes versos:

> querida irmã, caríssima Ismene,
> sabes de algum mal, dos que nos vêm de Édipo,
> que Zeus não queira consumar em nossa vida?...[23]

À medida que se aproximava o fim do ensino médio, Karol Wojtyła dedicava cada vez maior atenção às apresentações de teatro que aconteciam na Casa Católica. O então jovem rapaz de dezesseis anos interpretou o Conde Henrique em *Nieboskiej komedii* (*Não-divina comédia*), de Zygmunt Krasiński, assim como o de Juliusz em *Judasz z Kariothu* (*Judas de Queriote*), de Karol Hubert Rostworowski. Uma experiência interessante foi também a tentativa de encenar o *Apocalipse de São João*. Nesse período, João Paulo II começou a escrever baladas sobre os Beskidy. Esses poemas, hoje perdidos, surgiram sob a influência de, e em parte em oposição a, Emil Zegadłowicz, poeta da região inspirado pelo folclore e seus *Powsinogi beskidzkie* (*Os vadios dos Beskidy*).[24]

Enfim, ainda no ginásio, Karol Wojtyła conheceu Mieczysław Kotlarczyk, seu futuro amigo e mestre de teatro. "Eu conheci um autêntico pioneiro do teatro no sentido mais nobre da palavra, um expoente das tradições a um só tempo polonesas e cristãs dessa arte, que nos transmitiu toda a nossa literatura, principalmente a

23. Jan Paweł II, *Tu wszystko się zaczęło...* Przemówienie podczas spotkania z wiernymi 16 czerwca 1999 w Wadowicach, Polska. Disponível em: <http://www.vatican.va/holy_father/john_paul_ii/homilies/1999/documents/hf_jp-ii_hom_19990616_wadowice_po.html>
24. E. Zegładowicz, *Powsinogi beskidzkie. Sześć ballad z poematu Dziewanny*, Wadowice: Druk F. Foltina, 1923.

grande literatura romântica e neorromântica",[25] escreveria anos depois o futuro papa.

Kotlarczyk exerceu enorme influência no pensamento do jovem aluno sobre a relação da palavra proferida com a dinâmica da história. Embora certos aspectos da visão de Kotlarczyk só com o passar do tempo tenham se desenvolvido, as concepções básicas já estavam presentes nessa fase em Wadowice. Pois Kotlarczyk já tinha uma concepção decidida do "teatro da palavra", no qual, mais do que os outros componentes da arte cênica, era importante a reverberação sonora e semântica das palavras pronunciadas. Como uma pessoa profundamente crente, Kotlarczyk via no drama uma maneira de transmitir a Palavra de Deus e de presentificar seus valores mais profundos. O ator deveria ser o sacerdote da arte, e a arte por sua vez deveria formar a sociedade. O que de fato contava era o que acontecia na consciência do ouvinte e que era possível graças à extraordinária disciplina dos atores.

Com certeza o encontro de Karol Wojtyła com Mieczysław Kotlarczyk, o teatro da palavra e a imersão do então jovem aluno na literatura do romantismo polonês foram sementes para a futura reflexão de Wojtyła sobre os caminhos que trilharia posteriormente, bem como sobre a possibilidade de unir religião e arte. Entretanto, se a ideia de sua vocação sacerdotal lhe passava às vezes pela cabeça, tratava-se ainda de uma ideia passageira. Antoni Bohdanowciz, colega de escola de Wojtyła, recorda:

> Nos primeiros anos de convivência com Lolek fiquei convencido de que se tornaria padre. E parecia que assim seria quando, de repente,

25. K. Wojtyła, Prefácio a Mieczysław Kotlarczyk, *Sztuka żywego słowa. Dykcja — ekspresja — magia*. Roma: Nakładem Fundacji Teatru Religijnego w Rzymie oraz Przyjaciół Teatru Rapsodycznego, 1975.

o teatro surgiu em sua vida... o teatro mudou as decisões que havia tomado quanto ao seu futuro; essa experiência o levou a cursar Letras na Universidade Jagielloński; nada havia mudado, porém, no tocante à rua relação fervorosa com Deus e a religião.[26]

Wojtyła queria antes de tudo criar, ser um poeta. Depois de concluir o ensino médio, decidiu então começar o curso de Letras na Universidade Jagielloński, em Cracóvia. Pois cultivava, de acordo com suas próprias palavras, "um amor principalmente pela literatura, e em particular pela literatura dramática e pelo teatro".[27] O curso de Letras seria para ele uma porta para a literatura.

3. *Alma Mater*: a Universidade Jagielloński

No que tange aos estudos, gostaria de salientar que a escolha das Letras foi motivada pela minha clara predisposição para o estudo da literatura. Todavia, já no primeiro ano de estudos, minha atenção se voltaria para a língua.[28]

No verão de 1938, Karol Wojtyła deixou Wadowice e transferiu-se para Cracóvia, onde, no outono, começou o curso de Letras na Universidade Jagielloński. Tadeusz Kwiatkowski, colega de curso de Lolek, bem como na vida clandestina durante a Segunda Guerra Mundial, recorda:

Veio de Wadowice — disse Jurek (...) Jurek disse que Wojtyła era um bom poeta e escrevia versos inteligentes que, de modo geral, os

26. A. Bohdanowicz, "Żywot gimnazjalny". *Apud*: K. Dybciak, *Jan Paweł II w literaturze polskiej*, *op. cit.*, p. 41
27. Jan Paweł II, *Dar i tajemnica*, Cracóvia, 2005, p. 8.
28. Jan Paweł II, *ibidem*, p. 9.

colegas do grupo não entendiam muito bem. Fiz uma cara inexpressiva, pois aquele colega recém-conhecido não parecia um poeta inspirado, capaz de me fascinar com sua criação. Não cheguei porém a trocar muitas palavras que permitissem concluir se era realmente tão interessante como o havia apresentado Jurek. Só tomei conhecimento dos poemas de Wojtyła depois do início do ano acadêmico.[29]

Cracóvia era naquela época — juntamente com Varsóvia e Lviv — a capital cultural e científica da Polônia, e a Faculdade de Filologia Polonesa na Universidade Jagielloński era uma passagem obrigatória para os candidatos a escritor. Fundada em 1364, a Universidade Jagielloński é uma das mais antigas da Europa Central, bem como um dos mais importantes centros da ciência polonesa. Nela, formou-se o astrônomo polonês Nicolau Copérnico. Nela se encontraram, por seis séculos, as culturas cristã e humanista. Como Karol Wojtyła escreveu anos mais tarde, "era difícil estudar naquela instituição sem sentir emoção; era impossível caminhar por seus corredores sem a devida devoção".[30]

O rapaz da província rapidamente entrou para o círculo dos aspirantes a escritor da Universidade Jagielloński. Logo depois do início do curso passou a tomar parte em saraus de autores organizados por um grupo de jovens poetas. Encantava com sua leitura. Os colegas de faculdade lembram que

recitava de modo ao mesmo tempo expressivo e direto, caracterizando-se por uma dicção imaculada e precisa e por uma melodia de verso bem peculiar. Enfim, a voz: de uma coloração particularmente bela, cálida, suave, não muito baixa, que exprimia uma intimidade única, sua, própria dele; a um só tempo límpida e sonora, perfeitamente audível, já então destinada a ressoar em grandes praças, está-

29. T. Kwiatkowski, "Był od nas zupelnie inny". *Apud*: K. Dybciak, *op. cit.*, p. 50
30. K. Wojtyła, "Problem kontynuowania sie kultury poprzez ludzką praxis", *Roczniki Filozoficzne*, Lublin: KUL, 1979, p. 10.

> dios gigantescos, em pistas de aeroportos e sob as cúpulas das mais esplêndidas basílicas de todos os continentes da terra, de Guadalupe ao árido interior da Austrália.[31]

Karol Wojtyła tornou-se membro do Círculo dos Polonistas, um grupo de estudantes que se dedicavam à leitura de obras literárias, incluindo as de sua própria autoria, bem como a discutir sobre os problemas da cultura de sua época. Também tinha aulas particulares de francês. Estudou com os mais famosos especialistas em língua e literatura polonesas que atuavam então no país: Zenon Klemensiewicz, Stanisław Kot, Kazimierz Nitscha, Stanisław Pigoń. Ao mesmo tempo, Wojtyła levava uma vida normal, de jovem estudante de Letras, própria da época e do lugar. Não dava importância aos seus sucessos. Ao se recordarem desse período anos mais tarde, seus colegas ressaltariam seu valoroso caráter. Nas palavras de uma colega, futura atriz e professora da Academia de Teatro:

> era uma pessoa alegre, amiga, o primeiro a trazer conforto na infelicidade ou na doença, praticava esportes, o radicalismo lhe era totalmente estranho. Percebia-se, porém, que tinha um mundo de pensamentos inacessível, que era profundamente religioso, que sabia mais que todos nós, que lia livros difíceis de filosofia, que estudava e não perdia tempo em vão. E escrevia — poemas, versos, dramas filosóficos para nós obscuros — e, quando conversava, escutava seu interlocutor com atenção, mas sempre, até hoje, com aqueles olhos que brilham não com humor nem com algum tipo de ironia, tampouco com presunção em relação a qualquer um, pois nunca condenava ninguém, não dava lições, mas compreendia.[32]

Ao longo dos primeiros anos do curso de Letras, Karol Wojtyła começou a compreender a natureza da língua e entendeu que sem

31. D. Michałowska, "Decydujące dwa tygodnie". *Apud*: K. Dybciak, *op. cit.*, p. 59.
32. H. Królikiewicz-Kwiatkowska, "Teatralne początki". *Apud*: K. Dybciak, *op. cit.*, p. 43.

um perfeito domínio dela não é possível ter uma boa comunicação interpessoal. Foi essa capacidade de se expressar pela língua que tornou possível o mundo humano, incluindo o da literatura. Anos mais tarde, ao se remeter aos tempos de faculdade na Universidade Jagiellonski no livro *Dar i tajemnica* (*Dádiva e mistério*), o Papa diria:

> estudamos gramática descritiva da língua polonesa contemporânea, em seguida gramática histórica, com ênfase especial na língua eslava antiga. Isso me levou para um universo totalmente novo, para não dizer para o próprio *mistério da palavra*. A palavra, antes de ser proferida num palco, já existe na história humana, é um aspecto essencial da vida espiritual do homem. É enfim uma direção para o mistério impenetrável do próprio Deus. Tendo descoberto a palavra por intermédio do estudo da literatura ou da língua, não pude deixar de me aproximar do mistério da palavra — da Palavra sobre a qual falamos todos os dias na oração do *Angelus*: "O verbo se fez carne e habitou entre nós" (João/1,14). Mais tarde compreendi que o estudo das Letras me preparou o terreno para outra área de interesse e de estudo: refiro-me aqui à filosofia e à teologia.[33]

A eclosão da Segunda Guerra Mundial em setembro de 1939 mudou de maneira radical a vida do jovem estudante.

> É verdade que os professores da Universidade Jagiellonski se esforçaram para dar início ao novo ano acadêmico, mas as aulas duraram apenas até 6 de novembro de 1939 (...) Assim acaba então o período de estudo das Letras em minha vida e tem início a fase da ocupação alemã, durante a qual procurei sobretudo ler e escrever. Foi justamente nesse período que surgiram as minhas primeiras criações literárias da juventude.[34]

33. Jan Paweł II, *Dar i tajemnica*, *op. cit.*, p. 8-9.
34. Jan Paweł II, *ibidem*, p. 9.

4. O Teatro da Palavra na vida de Karol Wojtyła

> *... Eu tinha interesse pelo teatro, pelo palco. Mais de uma vez me vi pensando sobre personagens que gostaria de interpretar. Com frequência, enquanto Kotlarczyk ainda era vivo, atribuíamo-nos* in abstracto *possíveis papéis que poderíamos interpretar na prática. Isso tudo passou. Mais tarde alguns disseram: "Você tem aptidão..., teria sido um grande ator se tivesse ficado no teatro".*[35]

Ainda no ginásio, como já dissemos, Karol Wojtyła engajou-se nas atividades teatrais de Wadowice. Halina Królikiewicz-Kwiatkowska, atriz e também colega de escola e de faculdade de Lolek, recorda:

> Lembro-me dos ensaios, em sua maioria dirigidos pelos professores de língua polonesa, lembro-me das idas a lojas de aluguel de trajes em Cracóvia, lembro-me sobretudo das apresentações feitas especialmente para os colegas durante as aulas. Pois eram leituras dramáticas obrigatórias, e portanto *Balladyna* e *Kordian* de Słowacki, *Antígona* de Sófocles. *Zygmunt August* de Wyspiański, *Śluby panieńskie (Votos de donzela)* e *Damy i huzary (Damas e hussardos)* de Fredro, *Sobótka (A fogueira)* de Kochanowski, até um trecho da difícil *Nieboska komedia (Não-divina comédia)* de Krasiński, e havia outros títulos ainda.[36]

Como também já foi mencionado, ainda em Wadowice Wojtyła conheceu Mieczysław Kotlarczyk, professor de língua polonesa, mas principalmente diretor de teatro e teórico do teatro da palavra. "Kotlarczyk era 'pessoa de uma ideia, o teatro', para quem o drama era a coisa mais importante na vida, pois proporcionava um 'caminho para a perfeição', um meio para 'transmitir a palavra de

35. Jan Paweł II, *Wstańcie, chodźmy!*, *op. cit.*, p. 77.
36. H. Królikiewicz-Kwiastkowska, "Teatralne początki". *Apud*: K. Dybciak, *Jan Paweł II w literaturze polskiej*, *op. cit.*, p. 41-42

Deus', a 'verdade sobre a vida'."[37] O princípio artístico do Teatro Rapsódico de Kotlarczyk, inicialmente chamado de teatro da palavra, era "(...) o culto à Palavra viva e pura, em um teatro autônomo e até autocrático, isto é, absolutamente independente dos acessórios convencionais do teatro tradicionalista. É um teatro sem cortinas e palco, sem cenário, trajes e máscaras. E, por isso, um teatro mais concentrado, mais espiritual, mais íntimo."[38] Era um teatro em que o principal objetivo se tornou a ativa revalorização cênica da palavra poética, de seus valores artísticos e intelectuais — principalmente no âmbito do repertório polonês romântico e pós-romântico.

Além disso, o teatro de Kotlarczyk ressaltava o caráter litúrgico de gesto teatral:

> O fato de que por meio do teatro se vivencia a presença de valores universais que renovam a vida diária expõe-lhe falsidade, mas também dá a possibilidade de penetrar em uma nova e inesperada dimensão da autenticidade. Se levarmos essa perspectiva ao extremo, então apenas um passo separa a profissão de ator e a vocação sacerdotal.[39]

Karol Wojtyła, que foi um dos pilares do teatro da palavra de Kotlarczyk, certamente refletia muito sobre esse passo quando, com entusiasmo, começou o curso de Letras na Universidade Jagielloński em Cracóvia.

Quando, em razão do pacto Ribbentrop-Molotov — a aliança entre o Terceiro Reich alemão e a União Soviética —, em 1º de

37. G. Weigel, *Świadek nadziei* (Conversa do autor com Danuta Michałowska). *Op. cit.*, p. 55.
38. M. Kotlarczyk, Karol Wojtyła, *O Teatrze Rapsodycznym*, wstęp i opracowanie Jacek Popiel, wybór tekstów Tadeusz Malak i Jacek Popiel, Cracóvia: Państwowa Wyższa Szkoła Teatralna im. L. Solskiego, 2001, p. 309.
39. R. Buttiglione, *Myśl Karola Wojtyły*, Lublin: Wyd. Instytut Jana Pawla II KUL, przełożył J. Marecki SDS, 2010, p. 54.

setembro de 1939 as tropas alemãs, e em 17 de setembro o Exército Vermelho, invadiram a Polônia, todo o território do país se viu sob ocupação de dois Estados totalitários. Wadowice foi integrada ao Terceiro Reich, enquanto Cracóvia ficou no território do assim chamado Governo Geral. Mieczysław Kotlarczyk transferiu-se então para Cracóvia, onde organizou, na clandestinidade, o Teatro Rapsódico. Aqui vale lembrar que se previam penas severas na época para quem promovesse atividades culturais, entre elas encenações públicas de dramas dos clássicos poloneses ou apresentações das obras do maior compositor polonês, Fryderyk Chopin, correndo-se o risco de prisão, encerramento em campos de concentração e até pena de morte.

O escritor e especialista em teatro Tadeusz Kudliński, recordando-se do período da Segunda Guerra Mundial, escreveu:

> Kotlarczyk começou a atuar publicamente com seu grupo, embora isso fosse considerado atividade clandestina e ilegal pelo ocupante, e continuou a fazê-lo com êxito durante todo o período da ocupação (...) Mais de duzentas apresentações aconteceram em residências particulares na presença, não raro, de personalidades célebres como Zofia Kossak-Szczucka ou Juliusz Osterwa — este um grande amigo dos rapsodistas. A memorável inauguração do teatro e a estreia de *Król-Duch (O Rei-Espírito)* tiveram lugar na casa da senhora Dębowska (mãe) numa atmosfera de intensa concentração (...) Na cortina escura da janela foi colocada uma máscara branca retratando Juliusz Słowacki.[40]

A influência que a experiência do teatro de Kotlarczyk teve na vida e na obra do futuro papa revelou-se incrivelmente profunda e duradoura. Naqueles anos, Wojtyła escreveu alguns de seus primeiros textos poéticos: *Dawid (Davi)*, preparado para o Natal de 1939, *Hiob (Jó)*, para a Páscoa de 1940, e elaborou também uma tradução de *Édipo*, de Sófocles. Wojtyła escreveu ainda, para o teatro da

40. T. Kudliński, "Porzucenie teatru". *Apud*: K. Dybciak, *op. cit.*, p. 63.

palavra, *Diante do ourives* (1960) e *A irradiação da paternidade* (1964). Comentando suas experiências com o teatro, Wojtyła diria:

> justamente esse teatro (...) protege os jovens atores do mal que é desenvolver-se dramaturgicamente de forma individual, porque não lhes permite incutir nos textos nada.de si, disciplina-os internamente e até os mantém nas rédeas (...) Um grupo de pessoas em conjunto, como que unânime, subordinado à grandeza da palavra poética reaviva associações de natureza ética: a solidariedade entre várias pessoas em torno da palavra revela de modo particularmente forte e acentua essa devoção, que é o ponto de partida de todo o trabalho dos rapsodistas e o segredo de seu estilo.[41]

Atuar no Teatro Rapsódico foi proveitoso para o jovem Karol em sua grande missão vindoura? Halina Kwiatkowska, sua colega de ginásio, no livro intitulado *Um grande colega*, escreveu:

> Eu creio que sim. (...) a prática teatral treinou sua voz robusta e sua maravilhosa dicção, desenvolveu o belo gesto, ensinou a avaliar o peso da pausa aplicada nas homilias. Graças ao Teatro Rapsódico ele também ganhou a facilidade de estabelecer contato com as pessoas que o escutam e, sobretudo, a capacidade de exprimir de maneira convincente a verdade interior.[42]

Em meados de 1942, a atividade artística de Wojtyła foi interrompida. Ele havia decidido entrar para o seminário da diocese de Cracóvia. Contudo, é certo que o teatro, o encontro com Mieczysław Kotlarczyk e o mergulho do jovem Lolek na literatura do romantismo polonês semearam o percurso que o futuro Papa João Paulo II trilharia em sua vida. Anos depois, ele admitiu "que toda a experiência peculiar que teve com o teatro calou fundo em

41. A. Jawień (Karol Wojtyła), "Rapsody Tysiąclecia", *Tygodnik Powszechny*, 12 (1958), nr 3 (469), p. 5.
42. H. Kwiatkowska, *Wielki Kolega*, Cracóvia: Kwadrat, 2004, p. 74-76.

minha memória, embora a partir de certo momento tenha me dado conta de que o teatro *não era a minha vocação*".[43]

5. Karol Wojtyła como pensador: algumas obras

Da experiência do trabalho com jovens surgiu o primeiro estudo ético sobre o amor e o casamento de autoria de Karol Wojtyła: *Miłość i odpowiedzialność* (*Amor e responsabilidade*). Lançado em 1960, quando o autor já era bispo auxiliar em Cracóvia, esse livro filosófico de Wojtyła foi um trabalho pioneiro no universo católico. A publicação despertou curiosidade sobre seu autor nos meios formadores de opinião da Igreja. O livro também teve edições em outras línguas: francês (1965); italiano (1968); espanhol (1969), inglês (1981) e japonês (1979).

Amor e responsabilidade nasceu de uma "necessidade pastoral", como recorda o autor: "A larga experiência pastoral de Wojtyła com a preparação para o matrimônio e como confessor de jovens convenceu-o de que a ética sexual da igreja precisa ser apresentada e desenvolvida".[44] O livro de Wojtyła tinha por objetivo então conferir um sentido moral à sexualidade humana, e seu processo criativo se desenrolou no diálogo com mulheres e homens, que trouxeram o autor para suas vidas na qualidade de "sacerdote e amigo".

Esse estudo ético de Wojtyła é um livro sobre o amor responsável. Reflete sobre a pureza do casamento e a ética sexual no âmbito do personalismo filosófico wojtyliano e de sua defesa do

43. K. Wojtyła, *Dar i tajemnica*, *op. cit.*, p. 11.
44. Henri de Lubac, "Love and Responsibility" (Karol Wojtyła). *In*: *Theology in History*, San Francisco, 1996, p. 583.

humanismo cristão em resposta ao falso humanismo atual. A verdade sobre a pessoa humana é que o cerne do drama da vida de cada um de nós é uma história de amor ou a sua negação. Doar-se a outra pessoa constitui o plano no âmbito do qual é preciso considerar não apenas estar unido com o outro, mas também a questão de controlar o surgimento de uma nova vida. O estudo expressa a concepção elaborada por Wojtyła por meio da discussão das ideias de Kant e Scheler, discussão essa realizada com constante referência aos princípios gerais da ontologia e da ética aristotélico-tomista.

O livro *Amor e responsabilidade* foi dividido pelo autor em cinco seções: "A pessoa e o impulso sexual", "Pessoa e amor", "Pessoa e castidade", "Justiça em relação ao Criador" e "Sexologia e ética", esta última consistindo num olhar retrospectivo complementar, acrescentado por Wojtyła.

Na primeira seção, o autor efetua uma análise da pessoa enquanto sujeito e objeto, bem como uma análise do termo "pessoa". O autor esclarece que

> o homem não é só o sujeito da ação, mas também seu objeto. A cada passo acontecem atos que têm como objeto os outros (...) Por isso é preciso examinar, ainda que brevemente, quem é aquele que age — o sujeito — e quem é aquele para quem a ação é dirigida — o objeto. Agora é preciso analisar bem os princípios aos quais a ação do homem deve ser conformada, quando seu objeto é outra pessoa humana.[45]

Essa análise lhe é necessária para fazer suas considerações posteriores sobre o ser humano e a problemática da ética sexual de que trata o livro.

45. João Paulo II, *Amor e responsabilidade*. Traduzido por João Jarski e Lino Carrera, São Paulo: Edições Loyola, 1982, p. 23-23.

As regras de conduta em relação a outra pessoa enquanto objeto da ação são descritas pelo autor nos capítulos seguintes do livro, nos quais ele analisa detalhadamente a palavra "usar". Wojtyła dá aí uma definição de amor que é diametralmente oposta à ideia de usar uma pessoa como meio para um fim:

> De fato, sabemos que é permitido tentar que a outra pessoa queira o mesmo bem que nós queremos. É claro que a outra deve conhecer e aceitar como um bem o meu objetivo e adotá-lo como próprio. Então entre mim e aquela pessoa nasce um elo particular: o elo do *bem comum* e do *comum objetivo* que nos une. Esse elo não se limita a fazer que dois seres tendam juntos para um bem comum, mas une "desde dentro" as pessoas atuantes e então constitui a raiz essencial de qualquer amor. Em todo caso não se pode imaginar um amor entre duas pessoas sem esse bem comum que as una e que será, ao mesmo tempo, o objetivo que ambas tiverem escolhido. *A escolha consciente*, feita em comum por diferentes pessoas, faz com que elas se tornem *iguais* entre si e por isso mesmo exclui que uma delas tente sujeitar-se a outra. Pelo contrário, ambas (podem ser mais de duas pessoas unidas por um objetivo comum) estarão por igual e na mesma medida subordinadas a esse bem que constitui o objetivo comum.[46]

Pois o amor é a única referência válida para uma pessoa, uma referência em que a pessoa não é tratada como objeto de uso, mas sim a partir de uma perspectiva adequada à sua autonomia.

No primeiro capítulo, o autor faz uma interpretação do impulso sexual. Karol Wojtyła, de acordo com os fundamentos da ética sexual, traz esse impulso para o nível pessoal. Esclarece ainda que a experiência da sexualidade não se restringe unicamente ao que incide na pessoa, consistindo antes numa série de atos conscientes por meio dos quais a pessoa se realiza conscientemente na esfera sexual de acordo com a medida de sua digni-

46. João Paulo II, *ibidem*, p. 27-28.

dade. O autor apresenta esse impulso à luz de diferentes interpretações.

No segundo capítulo do livro, intitulado "Pessoa e amor", Wojtyła analisa o amor em seu aspecto psicológico e moral, mostrando que apenas no juízo moral é que encontramos a chave para toda a verdade sobre o amor. O autor analisa a palavra "amor" e apresenta as suas várias faces. O amor como agrado, de acordo com Karol Wojtyła, está mais estritamente associado ao conhecimento intelectual: "... Esse agrado não consiste só no fato de pensar sobre uma pessoa como um bem, mas também numa vinculação do pensamento em relação a essa pessoa como um bem".[47] O amor, como escreve Wojtyła, é algo mais que apenas o impulso sexual ou mesmo o envolvimento emocional. O amor estabelece o juízo sobre o valor da pessoa e o seu verdadeiro bem. Nessa parte do livro o autor discorre também sobre a problemática do amor esponsal, a sensualidade, e efetua uma análise ética do amor.

Na terceira seção do livro, "Pessoa e castidade", Wojtyła analisa as disposições morais dos indivíduos que permitem controlar o impulso sexual e vinculá-lo à ordem do amor. Trata-se aqui da castidade, do pudor e da moderação. Para descrever o sentido pleno da castidade, Wojtyła apoia-se em Aristóteles e são Tomás de Aquino.

Karol Wojtyła escreve também sobre a indissolubilidade do matrimônio. Dedica muito espaço ao ato do matrimônio e à ordem a ele vinculada. O tema do matrimônio é apresentado em conformidade com a norma personalista que, em princípio, aceita apenas a monogamia e a indissolubilidade da união, opondo-se, por outro lado, à poligamia e à dissolução do matrimônio:

47. João Paulo II, *ibidem*, p. 68.

> em todos esses casos, a pessoa fica na situação do objeto de uso, a serviço da outra pessoa. O matrimônio dissolúvel é unicamente (ou em todo caso desde logo) a instituição que permite o uso sexual do homem e da mulher, mas não a união permanente das pessoas baseada na recíproca afirmação do valor pessoal.[48]

A quarta seção do livro, "Justiça em relação ao Criador", apresenta o verdadeiro significado do amor. O amor consiste em uma pessoa receber outra pessoa. Wojtyła explica que essa recepção só é possível em Deus. Quem ama quer para a pessoa amada um bem maior que aquele que ele mesmo está em condições de dar: quer a felicidade perfeita, que é o próprio Deus. O conceito de "matrimônio" vincula o amor esponsal ao impulso sexual, que é a sua base, na ordem universal do ser.

* * *

Logo após *Amor e responsabilidade*, veio a experiência do Concílio Vaticano II, realizado entre 1962 e 1965. Depois do Concílio, Wojtyła escreveu sua principal obra filosófica: *Pessoa e ato* (1969). Se em *Amor e responsabilidade* Wojtyła submeteu a uma análise perspicaz a maneira pela qual a qualidade de pessoa se revela no amor sexual matrimonial, em *Pessoa e ato*, graças a uma análise semelhante, baseada no mesmo princípio antropológico, ele se volta para o âmbito do trabalho humano, da sociedade civil e da política.

O objeto de exame do livro *Pessoa e ato* é a ação do ser humano e, ao mesmo tempo, o próprio ser humano e quanto suas atividades o revelam e o tornam compreensível. A disciplina filo-

48. João Paulo II, *ibidem*, p. 188.

sófica à qual essa reflexão pertence é a antropologia. O autor recorre aqui a duas grandes fontes. De um lado, situa-se na grande tradição do realismo tomista. De outro, apropria-se de modo crítico do pensamento fenomenológico, que conheceu diretamente por meio do estudo das obras de Max Scheler. Além da introdução, dedicada ao conceito de experiência, o estudo *Pessoa e ato* contém mais quatro partes. A primeira fala da consciência e da causalidade motivadora da pessoa. Wojtyła analisa aqui a função da consciência, bem como a experiência fundamental de ser causa das próprias ações, que nos obriga a reconhecer que a pessoa não é apenas um lugar de eventos psíquicos — lugar em que se sentem e se vivenciam os valores —; ela é justamente o sujeito da ação.

Na segunda parte aprofunda-se a noção de transcendência da pessoa no ato. Por meio da análise da pessoa humana, Wojtyła demonstra que o que constitui a pessoa é o fato de ela ser causa autora da ação. O ser humano toma decisões orientando suas escolhas pela verdade conhecida sobre o bem. É desse modo que a pessoa se realiza como tal.

A terceira parte do livro é dedicada à integração entre pessoa e ato. A pessoa realiza sua estrutura de autodeterminação não reprimindo as dinâmicas naturais do corpo e da psique, mas sim orientando-se por elas, integrando-as ao ato que expressa a unidade da pessoa. A pessoa não apena extrapola a si mesma, seu corpo e sua psique, mas é também a causa da integração destes ao ato.

A quarta parte, por sua vez, é dedicada à participação, ou seja, à ação do ser humano em conjunto com outras pessoas. A participação, juntamente com a transcendência e a integração, é um dos aspectos fundamentais da pessoa.

* * *

Nos anos que se seguiram, foram publicados outros textos de Karol Wojtyła. O livro intitulado *U podstaw odnowy: studium o realizacji Vaticanum II** é uma coletânea, sistematizada de forma criativa, de citações dos documentos conciliares e permite ao leitor lançar um olhar para o Concílio Vaticano II do modo como o vivenciou o próprio autor da obra — ele mesmo um participante ativo do Concílio. A obra ajuda ao mesmo tempo a entender por que João Paulo II atribuía uma importância tão grande ao estudo do Concílio.

Esse livro compõe-se de três partes. Na primeira, intitulada "Significado fundamental da iniciação conciliar", curta e de caráter introdutório, Wojtyła descreve o princípio do enriquecimento da fé, que tem um sentido essencial para a renovação conciliar. Na segunda parte, que leva o título de "Formação da consciência", significativamente mais longa, ele apresenta diversos aspectos da autoconsciência da Igreja como Povo de Deus e de sua relação com a consciência da existência de Deus enquanto Criador e Redentor. Na última parte, a mais longa, intitulada "A formação das bases", Wojtyła ressalta que o enriquecimento da fé se expressa no aprofundamento da consciência que, por sua vez, se manifesta nas atitudes cristãs.

Em *Fontes da renovação*, o cardeal Karol Wojtyła não apresenta os métodos para a realização do Concílio; interessam-no exclusivamente os elementos essenciais do estudo conciliar que a Igreja deveria efetuar. Não é uma publicação sobre como os ensinamentos conciliares são ou deveriam ser incorporados na vida da

* Edição brasileira: *Fontes da renovação: estudo sobre a prática do Concílio Vaticano II*; trad. Luiz João Gaio. São Paulo: Loyola, 1985. [N.T.]

Igreja, mas sim uma reflexão do autor sobre os textos do Concílio. A mensagem da obra — escrita tendo em mente a Igreja da Polônia — é também um esboço do programa da Igreja católica realizado pelo autor já quando estava à frente da Santa Sé.

* * *

Em 1976, Karol Wojtyła lançou outra obra, intitulada *Znak, któremu sprzeciwiać się będą*.* O livro é um registro dos exercícios espirituais feitos pelo arcebispo de Cracóvia no Vaticano em 1976 a pedido do próprio Paulo VI, graças aos quais Wojtyła fez-se conhecer como um visionário capaz de reconhecer as mudanças em curso no mundo contemporâneo, bem como de definir o papel da Igreja nessa nova realidade. Os exercícios espirituais no Vaticano e o livro em questão foram muito importantes, pois abriram o caminho de Wojtyła para a Sé de Pedro, possibilitando que o futuro papa apresentasse suas melhores características ao então papa e aos cardeais da Cúria romana, os mesmos que, alguns anos depois, participariam do conclave que elegeria João Paulo II.

Nas reflexões feitas nessa obra encontramos todos os tópicos que, mais tarde, seriam desenvolvidos em profundidade no magistério do Papa. No livro há, por exemplo, uma fala sobre a necessidade de uma nova evangelização, sobre o papel do laicato na Igreja, sobre a dignidade da mulher, sobre a dignidade da pessoa humana, sobre a defesa dos fracos e dos nascituros, como também um convite ao ecumenismo e a condenação do totalitarismo e de toda forma de tirania.

* Há edição brasileira: *Sinal de contradição*. São Paulo: Edições Paulinas, 1979. [N.T.]

Essa obra do arcebispo de Cracóvia foi enriquecida com fotografias dramáticas feitas por Adam Bujak, que retratou cruzes — espalhadas pelo mundo todo, marcadas pela história —, o sinal de Cristo, ao qual irão se opor, "um sinal de contradição".

* * *

Em 1979, enfim, veio à luz a primeira edição da coletânea *Karol Wojtyła: poezje i dramaty. (Karol Wojtyła: poesia e dramas)*. Nela foi reunida quase toda a obra poética do futuro papa de que se tem conhecimento. Na introdução à obra, Marek Skwarnicki, poeta e prosador polonês, escreveu:

> A publicação deste volume não é somente um fato literário, é também um acontecimento de natureza espiritual-religiosa. E o é porque toda a poesia de Karol Wojtyła tem um caráter profundamente religioso, e porque é impossível, ao entrar em contato com ela, esquecer o poeta que a produziu no passado e que hoje é o papa, o Santo Padre, um homem que imprimiu sua personalidade na vida da Igreja; do povo de Deus, do cristianismo, de todo o mundo. As pessoas ficam fascinadas ao saberem que o Papa João Paulo II foi padre, bispo e, também, poeta. O encontro em uma única pessoa dessas duas vocações é sentido nesses tempos atuais, de cultura secularizada, como algo surpreendente. Pois se perpetuou amplamente a convicção de que religião e cultura pertencem a duas ordens distintas, como que sem relação: o *sacrum* e o *profanum* (...) Hoje, diante da obra poética (...) de Karol Wojtyła, estamos convencidos de que ela é em grande medida uma fonte para conhecer o segredo da intersecção dessas "duas vocações", ainda que continue para sempre a ser um mistério.[49]

As poesias e os dramas de Karol Wojtyła serão objeto de nossas considerações nos capítulos III e IV deste livro.

49. M. Skwarnicki, "Wstęp". *In*: K. Wojtyła, *Poezje i dramaty*. Cracóvia: Znak, 1979, p. 5-6.

* * *

"Faça o senhor as perguntas", disse certa vez o Papa João Paulo II a André Frossard. O escritor e jornalista francês fez então cerca de setenta perguntas, cujas respostas constituíram o esboço para o livro *"Nie lękajcie się!" Rozmowy z Janem Pawłem II* (*"Não tenham medo!" Diálogo com João Paulo II*). As questões referiam-se à biografia de Karol Wojtyła (as únicas que despertavam certa reserva nele), à sua vocação, à sua fé, a seus hábitos, à moral, à Igreja e seu papel no mundo, ao ecumenismo e à contemporaneidade.

A publicação não tem a forma de uma longa entrevista, como é mais frequente encontrar na imprensa e em livros. O Papa não figura como coautor, embora suas declarações tenham sido citadas fielmente. A última parte consiste principalmente em conversas com testemunhas do atentado de 13 de maio de 1981 e da primeira internação de João Paulo II na Clínica Gemelli. Merece destaque o fato de o padre Stanisław Dziwisz, sempre quieto, como convém ao secretário de um papa, ter conversado com André Frossard.

A surpreendente conversão ao catolicismo de André Frossard, oriundo de família judia e ateu, fez dele uma testemunha excepcional da fé cristã e o mais importante intelectual católico francês, bem como o fez produzir um livro com intenso registro emocional. O seu *pathos*, entretanto, não incomoda; ao contrário. cativa pelas surpreendentes metáforas e analogias bem construídas. *Não tenham medo!* é tratado como franca profissão de fé do autor. A tradução polonesa do livro veio à luz em 1982, numa publicação da Libreria Editrice Vaticana. No ano seguinte, graças à editora Znak, o livro chegou à Polônia.

* * *

Em 1994 foi lançado mais um extraordinário livro do Santo Padre, de cunho literário e escrito numa nova forma de diálogo. João Paulo II revelou-se mais uma vez um escritor original, escolhendo um gênero textual de ponta. No final do século XX, em muitos países — e também na Polônia — surgia uma forma literária que conquistou grande popularidade — o registro escrito de conversas com pessoas importantes. Esse recente gênero recebeu diversas denominações: memórias, entrevistas, conversas... Encontramos nele uma ampla gama de situações de comunicação, a mais frequente sendo uma conversa entre dois interlocutores, mas havendo também casos em que alguém faz perguntas a várias pessoas ou então vários interlocutores questionam um dado indivíduo. Não raro, entrevistas com um autor feitas ao longo de vários anos são reunidas, dando assim origem a um livro. Em língua polonesa, os maiores escritores do século XX deixaram publicações desse tipo: Czesław Miłosz, Witold Gombrowicz, Zbigniew Herbert, Gustaw Herling-Grudziński, Stanisław Lem.

Na introdução de *Cruzando o limiar da esperança*, um dos mais conhecidos *best-sellers* de João Paulo II, seu coautor, Vittorio Messori, diz:

> o diretor da Sala de Imprensa, [...] Joaquim Navarro-Valls, me trazia uma mensagem [...] é que o Papa mandava me dizer: "Ainda que eu não tenha podido responder-lhe em pessoa, recebi em minha mesa as suas perguntas. Interessaram-me, creio que é preciso não deixá-las sem resposta. Assim, refleti sobre elas e, há algum tempo, nos poucos momentos [livres] que meus compromissos me concedem, me pus a responder a elas por escrito. Você me fez perguntas; portanto, de certo modo, tem direito a respostas. Estou trabalhando. Farei com que cheguem a suas mãos. Faça, depois, como achar mais oportuno". Em suma, mais uma vez João Paulo II confirmava a fama de "Papa

das surpresas" que o acompanha desde sua eleição, que superara qualquer previsão.[50]

O leitor encontrará nas páginas de mais esse livro do Papa polonês uma "mistura" peculiar: profissão de fé pessoal, reflexões e orientações espirituais, meditações místicas, um olhar sobre o passado e o futuro, considerações teológicas e filosóficas. Ao ler *Cruzando o limiar da esperança*, o leitor perceberá por que Messori não adicionou comentários irrelevantes às palavras de João Paulo II, já tão ricas em conteúdo. As palavras do Papa por si só alçaram voo. Delas emergiu uma pessoa tomada de incontida ânsia apostólica, um Pastor, para quem os caminhos habituais parecem sempre insuficientes e que busca todos os meios de expressão possíveis para proclamar às pessoas a Boa-Nova. Cada página do livro deve então ser lida com atenção, pois quem tenta ir além da superfície da linguagem corriqueira encontra uma profundidade impressionante, e alguns trechos exigem uma concentração especial.

Apresentando a obra, Vittorio Messori escreveu:

> Dizia-me experiente teólogo, uma das poucas pessoas que puderam ler este texto ainda na forma de manuscrito: "Aqui temos [...] para a história."
>
> Aqui temos uma revelação — de primeira mão, sem esquemas nem filtros — do universo religioso e intelectual de João Paulo II e, por conseguinte, uma chave de leitura e interpretação de todo o seu magistério. (...) Não só os comentaristas atuais, mas também os historiadores futuros não poderão prescindir destas páginas para compreender o primeiro papado polonês. Redigidas de um golpe só — com aquilo que alguma pessoa temerosa poderia qualificar como "impulsividade" ou, quem sabe, generosa "imprudência" —, transmitem-nos

50. João Paulo II, *Cruzando o limiar da esperança*, *op. cit.*, p. 11-12

> de modo extraordinariamente eficaz não só a mente, mas também o coração do homem a que se devem muitas encíclicas, muitas cartas apostólicas, muitos discursos. Tudo aqui tem sua raiz: é um documento, portanto, para o dia de hoje, mas também para a história.[51]

Se, por um lado, a significativa e bem elaborada publicação *Não tenham medo!*, resultado da contribuição do intelectual francês, André Frossard, surgiu no início do ministério de Karol Wojtyła na Santa Sé, por outro, o livro escrito com auxílio do escritor e jornalista italiano Vittorio Messori, *Cruzando o limiar da esperança*, traz toda a experiência de quinze anos de pontificado. Nessa obra, o leitor encontrará um relato do que aconteceu durante esse período (eventos decisivos como o colapso do marxismo, por exemplo) na vida de Karol Wojtyła, de João Paulo II, da Igreja e do mundo. O que permaneceu inalterado — as páginas do livro dão testemunho disso — foi apenas a capacidade de concentrar toda a atenção no futuro, de olhar na direção do "terceiro milênio do cristianismo", sobre o qual João Paulo II falava incessantemente com grande fervor e confiança.

* * *

Em 2003, João Paulo II lançou *Tryptyk Rzymski (Tríptico romano)*. Depois de anos de pausa na criação poética, o Papa decidiu novamente falar ao mundo na língua da poesia. Foi um fenômeno impressionante por pelo menos algumas razões. Primeiro porque, antes do *Tríptico*, o Papa havia publicado poesias pela última vez em 1979; em segundo lugar, porque o Santo Padre já contava então com oitenta e

51. V. Messori, "Padre Karol, pároco do mundo". *In*: João Paulo II, *Cruzando o limiar da esperança*, *op. cit.*, p. 18.

três anos; e, finalmente, porque nenhum dignitário eclesiástico de tão alto escalão jamais havia publicado suas próprias obras poéticas.

O *Tríptico romano* possui uma dupla dimensão artística: além do grande valor literário, a bela poesia, é também uma obra, poder-se-ia dizer, visual. Pois, ao ler esse escrito do Papa, ficamos como que diante de um quadro que nos revela seus vários planos. Um eminente filósofo italiano observou:

> Essa composição traz a admirável expressão do poeta como "visionário" sendo levada ao mais alto nível. (...) poder-se-ia falar até de uma "visão poética elevada à terceira potência" (...) o "Princípio" (com a Criação) e o "Fim" (com o Julgamento Final) — ou seja, um emergir do Verbo e um retorno ao Verbo — são transfigurados na "visão pictórica", e essa visão pictórica vem ulteriormente transfigurada na "visão poética". O antes invisível torna-se visível no Logos; depois, torna-se visível nas imagens da pintura de Michelangelo e, em seguida, nas imagens da poesia de Karol Wojtyła.[52]

Por isso, usando as palavras do cardeal Franciszek Macharski, é importante ler essa obra em profundidade, como "se abre um tríptico ou um portão".[53]

Na opinião do professor Krzysztof Dybciak,

> Karol Wojtyła-João Paulo II cria uma poesia intelectualmente profunda, fervorosamente espiritual, contendo elementos místicos, mas sem ultrapassar as verdades contidas na Revelação cristã e sem abandonar a comunidade da Igreja. Por isso é melhor denominar o *Tríptico Romano* de poema teológico meditativo.[54]

52. G. Reale, "Komentarz krytycznoliteracki" (...), *L'Osservatore Romano*, wyd. pol., 24 (2003) n. 4, p. 24.
53. F. Macharski, "Wstęp". *In*: Jan Paweł II, *Tryptyk Rzymski*, Cracóvia: Wyd. Świętego Stanisława, 2003, p. 5.
54. K. Dybciak, "*Tryptyk rzymski* – nowa forma literacka", *in*: *Trudne spotkanie. Literatura polska XX wieku wobec religii*, Cracóvia: Arcana, 2005, p. 253.

Deve-se também atentar para a dupla origem do texto: polonesa e romana. São duas vozes, ligadas harmoniosamente uma à outra.

O título do poema, *Tríptico romano*, chama a atenção para o fato de que a obra se compõe de três partes e de que surgiu em Roma (ou trata de temas relacionados a Roma). A primeira parte da obra leva o título de "Córrego". Nessa parte, o Papa parece referir-se a correntes filosóficas contemporâneas como o existencialismo ou o personalismo. Mostra o ser humano em sua relação com as outras criaturas, consigo mesmo e com seu Criador. A primeira parte tem um caráter descritivo, predominando aí reflexões e confissões; imagens concretas e metafóricas, quando aparecem, têm um caráter simbólico ou são interpretação de outras imagens. Nessa parte da obra, Wojtyła aplica um procedimento característico de sua criação anterior — a personificação. O autor conversa com um córrego na floresta.

A primeira parte do *Tríptico* tem por tarefa conduzir o leitor à fonte, à verdade fundamental a respeito da existência humana e realmente o faz. Eis, pois, que estamos no limiar da Capela Sistina, na qual o princípio e o fim da existência humana ligam-se naturalmente um ao outro. Contudo, a capela não traz a essência das respostas sobre a fonte. Pois é Deus o Princípio do mundo, seu sentido e sua justificação.

Diferentemente se dão as coisas no trecho mais longo e mais importante do *Tríptico*, a segunda parte, intitulada "Meditações sobre o *Livro do Gênesis* no limiar da Capela Sistina". A tábua central concentra-se na verdade fundamental sobre o ser humano: a sua criação à imagem e semelhança de Deus. Essa parte lembra um poema filosófico, o que indica, por exemplo, a temática que trata dos mistérios da teologia católica: a criação do ser e do tempo, as relações do Verbo divino com a linguagem humana, assim como as relações entre os sinais linguísticos e icônicos. Como bem observa Krzysztof Dybciak:

> A segunda parte do *Tríptico* tem também certas qualidades atribuídas a poemas líricos. O sujeito do monólogo introduz uma confissão pessoal, que o identifica com o autor. Cita então a frase latina
>
> > "*Casta placent superis; pura cum veste venite,*
> > *et manibus puris sumite fontis aquam* –
> > li essas palavras dia a dia por oito anos,
> > cruzando o portão do ginásio de Wadowice."
>
> Depois, no trecho intitulado "Posfácio", menciona o conclave anterior e tece considerações pungentes sobre o futuro conclave após a morte do autor. O sujeito lírico-autor trava também um breve diálogo com o patriarca Adão.[55]

Quando se lê a parte central do poema, uma frase, que se repete como refrão, intriga: *Omnia nuda et aperta sunt ante oculis Eius* (Tudo está descoberto e revelado ante Seus olhos). Pode-se inferir que esse pensamento é a chave para compreender a segunda parte da obra, considerando-se os contextos em que aparece, em número de quatro: como a visão de Deus, como a visão primordial do ser humano, no contexto do Juízo Final e no contexto do futuro conclave.

Na segunda parte da obra, João Paulo II conduz o leitor ao Princípio — pois é lá, antes do pecado original, que se revela a plenitude da verdade do ser humano, sua vocação para a vida em comunidade: "e criou-os varão e fêmea".[56] O Papa, como representante do personalismo, mais uma vez prova que o ser humano se realiza plenamente como pessoa unicamente vivendo com outros e

55. K. Dybciak, *ibidem*, p. 247.
56. Jan Paweł II, "Prasakrament". *In*: *Tryptyk Rzymski*, Cracóvia: Wyd. Świętego Stanisława, 2003, p. 21-23.

para os outros. "Separar-se dos outros, do amor, é uma das maiores infelicidades que podem acontecer ao ser humano."[57]

Assim, a primeira parte do *Tríptico* consiste em perguntas sobre o sentido da vida, a transitoriedade e a essência da humanidade; a segunda, na resposta à pergunta sobre a essência de ser humano e a terceira, "Monte na região de Moria", parece ser a resposta prática às perguntas sobre o sentido da vida.

A terceira parte é próxima a um poema épico. Foi escrita em verso branco e dividida em quatro fragmentos providos de subtítulos. Encontramos aqui a história da vida de Abraão, o sacrifício não realizado de Isaque, bem como a aliança com Deus. Num primeiro olhar, é possível perceber imediatamente um procedimento curioso, que consiste em empregar diversos sinônimos para se referir à pessoa do Criador. Em toda a terceira parte, a palavra "Deus" foi usada apenas quatro vezes, ainda que o conteúdo dela seja justamente a relação de Deus com o homem. Em vez da palavra "Deus" aparecem sinônimos, como "voz".

Aprofundando-se essa parte da meditação, pode-se ter a impressão de que aquilo que dá sentido à vida (no caso, a de Abraão) é a liberdade interior. É a força que é a liberdade em Deus. João Paulo II, evocando a história de Abraão, mostrou o caminho para a busca de Deus e em seguida a maneira para tirar forças de seu Criador: o caminho da fé, da esperança e do amor.

Tríptico romano é uma mensagem artística para o terceiro milênio, que permite descobrir o sentido do amor, do sofrimento e da vida eterna. É também a despedida poética desse grande Papa, grande polonês e grande artista.

57. G. Reale, *Karol Wojtyła un pellegrino dell'assoluto*, Milão: Bompiani, 2005, p. 118.

* * *

"A memória é a força que cria a identidade do ser humano, tanto no âmbito pessoal quanto no coletivo. Pois pela memória na psique da pessoa se cria e como que se cristaliza o sentimento de identidade."[58] Tal função da memória foi evocada por João Paulo II em seu último livro, *Memória e identidade*, lançado em 23 de fevereiro de 2005. A obra apresenta algumas de suas experiências e reflexões, amadurecidas em seu íntimo em face de várias formas do mal — o nacional-socialismo alemão e o comunismo —, diante do qual jamais perdeu a perspectiva do bem, convencido de que é ele que triunfa no final.

> Analisando vários aspectos da realidade de hoje no ciclo de "conversas no limiar do milênio", o Santo Padre empreendeu uma reflexão sobre os fenômenos atuais à luz do passado, no qual tentou encontrar as raízes do que hoje está acontecendo no mundo, para dar aos indivíduos de hoje e a todos os povos a possibilidade de despertar em si mesmos, por meio de um retorno atento à "memória", ao sentimento vivo de sua própria "identidade".[59]

Essa obra do Papa foi inspirada por conversas de João Paulo II com dois filósofos poloneses: o padre e professor Józef Tischner e o professor Krzysztof Michalski, diretor internacional do *Institut für die Wissenschaften vom Menschen*, com sede em Viena, que organizou famosos seminários em Castel Gandolfo com a participação de João Paulo II e dos maiores pensadores de nossa época. Em 1993, na já mencionada residência de verão do papa em Castel Gandolfo, nas cercanias de Roma, os dois filósofos discu-

58. "Od redakcji". *In*: Jan Paweł II, *Pamięć i tożsamość*, *op. cit.*, p. 149.
59. *Ibidem*, p. 7.

tiram com o Papa sobre os problemas-chave do século XX. As conversas giraram em torno de uma análise crítica, histórica e filosófica das duas ditaduras que marcaram o século XX: o nazismo e o comunismo.

> As conversas então gravadas foram depois transcritas. Todavia, o Santo Padre, voltando às questões levantadas naquela discussão, considerou necessária uma ampliação das perspectivas do documento. Partindo então das citadas discussões, ele desenvolveu sua reflexão sobre novos elementos. E foi assim que surgiu esse livro, que ataca questões de fundamental importância para o destino da humanidade em seus primeiros passos rumo ao terceiro milênio.[60]

As reflexões do Papa foram organizadas em cinco partes com os seguintes títulos: "O limite imposto ao mal", "Liberdade e responsabilidade", "Pensando Pátria..." (Pátria — nação — país), "Pensando Europa" (Polônia — Europa — Igreja), "Democracia: possibilidades e perigos". No final, foi acrescentado um trecho intitulado "Alguém desviou esta bala...", um relato do atentado à vida de João Paulo II, feito por ele próprio e pelo padre cardeal Stanisław Dziwisz, havendo ainda um relato sobre o encontro do Papa com o terrorista Alim Agca, ocorrido em 1983.

Em *Memória e identidade*, o autor busca as raízes, a Pátria. Explica:

> O termo "pátria" está relacionado com a noção e a realidade de pai. Pátria é o mesmo que patrimônio, ou seja, o conjunto de bens que recebemos de herança dos pais. É significativo que muitas vezes se diga também: "pátria mãe". Sabemos por experiência própria a que ponto a transmissão da herança espiritual efetua-se por intermédio das mães. A pátria é, portanto, a herança e, ao mesmo tempo, o estado de posse resultante dessa herança — incluindo aí a terra, o

60. Jan Paweł II, *ibidem*, p. 7.

território, porém ainda mais os valores. E o teor espiritual que compõe a cultura de uma dada nação.[61]

Essa reflexão sobre a Pátria, sobre a Polônia, está relacionada com o valor da vida do homem, seus direitos e o papel fundamental da família na vida da nação. Sem dúvida esses valores, ao lado do cristianismo, foram a base da identidade do Papa. Novamente, a reflexão sobre o conceito de pátria gera uma pergunta sobre patriostismo. Wojtyła escreve que

> o patriotismo significa amar aquilo que é pátrio: amar a história, a tradição, a língua ou a própria paisagem da pátria. É um amor que abrange também as obras dos conterrâneos e os frutos de seu gênio. Cada ameaça a esse bem que é a pátria torna-se uma prova para esse amor.[62]

Nesse livro, Wojtyła desenvolve também o tema essencial da cultura, de seu sentido, gênese e papel na vida nacional. O autor ressalta que

> o homem vive verdadeiramente uma vida humana graças à cultura (...) A cultura é o modo próprio de existir e de ser do homem (...) A cultura é aquilo pelo que o homem enquanto homem se torna mais humano: "é" mais (...) Pois a nação é essa grande comunidade de pessoas unidas por diversos vínculos, mas acima de tudo pela própria cultura. A nação existe "da cultura" e "para a cultura".[63]

João Paulo II reflete ainda sobre o problema do mal individual e também sobre a questão da explosão do grande mal do século XX, na forma de ideologias criminosas. Mostra que elas foram o

61. Jan Paweł II, *ibidem,* p. 66.
62. Jan Paweł II, *ibidem,* p. 72.
63. Jan Paweł II, *ibidem,* p. 89.

resultado de processos históricos e ideológicos definidos, que tiveram início na revolução cartesiana do pensamento filosófico europeu. Na ausência de uma base moral forte, o homem em seu orgulho facilmente ultrapassa os limites naturais. É justamente aí que residem as raízes do crime e das ideologias do mal. Na negação da "realidade" da natureza humana e na substituição desta por constructos abstratos que precisam ser ajustados à fundamentação ideológica a custo de sangue, carnificina e extermínio.

Nas páginas desse livro, o Papa faz uma análise crítica do nazismo e do comunismo e enxerga a história das nações como processo relacionado à, e enraizado na história da salvação. Mostra os perigos que resultam do dinâmico desenvolvimento da civilização e das transformações culturais que com violência o seguem e que definem um novo conceito de liberdade do homem. Problema fundamental aqui é o *colapso da moral das sociedades do século XX*. O Papa clama por responsabilidade quanto à liberdade que pessoas e nações conquistaram após a queda do comunismo. Ensina também se deveria existir um verdadeiro patriotismo. A construção de uma tradição cristã apoia-se, sobretudo, no retorno à Fonte, que é Jesus, e apenas pela correspondente celebração da Eucaristia é que se pode levar o homem a encontrar a sua identidade.

Memória e identidade é uma obra bem "polonesa" do Papa. Ao refletir sobre questões como pátria, patriotismo, nação ou cultura, João Paulo II recorre às experiências polonesas. Partindo da história e da cultura de sua terra, ele fala dos temas mais universais, analisa a problemática do país, da Igreja e da Europa. Mostra os méritos e as virtudes dos poloneses, as conquistas esquecidas, os momentos de glória e grandeza, mas não omite os vícios e as fraquezas, as culpas e a negligência dos poloneses. Apresenta um quadro completo da "polonidade", que é uma parte importante da riqueza e da diversidade da Europa e de toda a família humana.

O trabalho de João Paulo II foi escrito à luz das verdades eternas e da perspectiva transcendente, mas ao mesmo tempo é muito atual, porque imerso em problemas humanos que estão ocorrendo aqui e agora, no tempo e no espaço. Em Wojtyła, o sentido mais profundo da história vai para além da história, para além dos limites do tempo, para a esfera da fé e da esperança, para o futuro. O autor confirma que apenas o amor, cuja fonte está no coração de Cristo, é a esperança para o futuro do mundo. Nisso reside a vocação secreta e última da humanidade.

Karol Wojtyla, pai do futuro Papa João Paulo II, com o filho mais velho, Edmund. Polônia, 1909.

O pequeno Karol Wojtyla, aos seis meses, com a mãe, Emilia. Polônia, 1920.

Karol Wojtyla em foto para cartaz do teatro Studio 38. Cracóvia, Polônia, sem data.

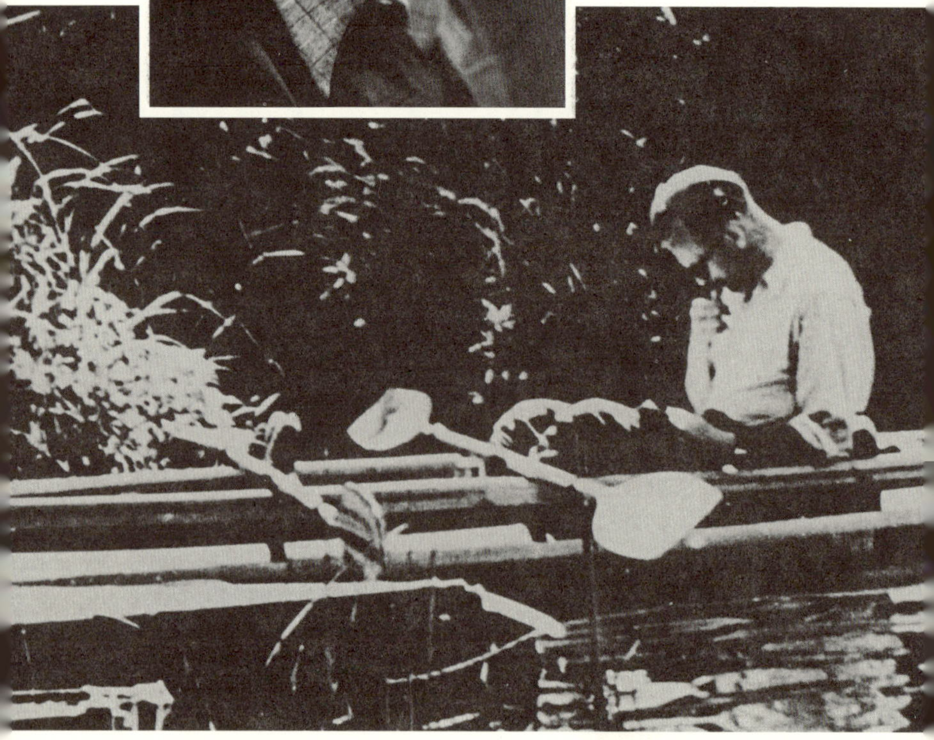

O Padre Karol Wojtyla lê durante um passeio de caiaque em 1953.

Habemus Papam, outubro de 1978.

João Paulo II em Roma, Itália. Outubro de 1978.

João Paulo II em sua primeira visita ao Brasil, em 1980.

Capítulo III. A obra poética de Karol Wojtyła

1. Breve introdução à poesia wojtyliana

Dá-se não raro que, ao longo de uma conversa, nos achamos
[diante de verdades
para as quais nos faltam palavras, nos faltam gesto e sinal —
pois ao mesmo tempo sentimos: nenhuma palavra, gesto nem
[sinal —
sustentará a imagem inteira.[1]

Embora convencido da insuficiência das palavras, Karol Wojtyła escreve poemas:

> Nisso consiste o paradoxo e a insensatez da poesia, que deseja exprimir o inexplicável e nesse movimento do coração e da mão rumo à Luz acaba nomeando algo novo, ou seja, descobrindo. Em todo caso, ela deixa um rastro da aspiração do homem ao Infinito.[2]

1. K. Wojtyła, "Myśl jest przestrzenią dziwną". *In*: *Poezje i dramaty.* Cracóvia: Znak, 1986, p. 44.
2. M. Skwarnicki, "Słowo wstępne". *In*: K. Wojtyła: *Poezje i dramaty*, *op. cit.*, p. 9.

Como percebeu acertadamente Krzysztof Dybciak, Karol Wojtyła

> surge na cena literária de seu país no trigésimo ano de vida como um "poeta pronto", que sabe o que quer da literatura, que possui sua própria linguagem artística e suas próprias questões para destrinçar. Começa pelas formas maiores, e nos anos de 1950 a 1952 publica três poemas longos nas colunas do *Tygodnik Powszechny* [...]. Do momento em que vem a lume "Pieśń o blasku wody" ("Canção sobre o cintilar da água") até "Rozważanie o śmierci" ("Consideração sobre a morte"), de 1975, e "Myśląc Ojczyzna..." ("Pensando Pátria..."), dado à estampa em 1979, toma corpo um mundo poético homogêneo.[3]

O poeta que foi padre e depois bispo e cardeal escolheu criar sob pseudônimos como: Andrzej Jawień, Stanisław Andrzej Gruda, Piotr Jasień, ou publicou sob o criptônimo A. J. Manteve o fato de escrever poesia sob estrito segredo, conhecido exclusivamente por um reduzido grupo de amigos e colaboradores, tanto laicos quanto religiosos.

No início de sua trajetória criativa, em carta a um amigo, Karol Wojtyła, então estudante de filologia polonesa na Universidade Jagiellońskі em Cracóvia, teceu as seguintes considerações sobre a poesia:

> Ela não é arte a fim de ser somente verdade realista ou somente passatempo, mas, acima de tudo, ela é *superestrutura*, é um olhar para a frente e para o alto, é companheira da religião e guia no caminho em direção a Deus: tem o aspecto de um romântico arco-íris! Da terra e do coração do homem na direção do Infinito.[4]

3. K. Dybciak, *Karol Wojtyła a literatura*, *op. cit.*, p. 35-36.
4. *Apud* W. Smaszcz, "O czytaniu poezji Karola Wojtyły". In: K. Wojtyła, *Poezje dramaty*. Varsóvia: PAX, 1999, p. 105.

As primícias poéticas de Karol Wojtyła foram obras longas, vazadas na forma de baladas populares, com temática relativa à região das montanhas de Beskidy e elementos dramáticos. Nos primeiros textos publicados de Andrzej Jawień eram predominantes os problemas religioso-filosóficos; submetiam-se a exame as questões básicas da existência humana individual. Ocorre uma mudança na metade dos anos 1960, quando passam a primeiro plano questões históricas, sociais ou eclesiológicas. Wojtyła dedica alguns poemas longos à sua pátria, à sua própria nação e a outras, à Igreja, ao processo histórico. Podemos mencionar aqui obras como "Wigilia Wielkanocna 1966" ("Vigília Pascal de 1966"); "Myśląc Ojczyzna..." ("Pensando pátria..."), de 1974; "Stanisław", da segunda metade dos anos 1970. De acordo com o historiador da literatura Jarosław Maciejewski,

> a partir da década de 1960 vê-se com nitidez crescente uma tendência à objetivação da linguagem, a um pensamento concentrado, a enunciados que, com uma meia palavra, um símbolo poderoso ou uma repetição sugestiva, querem evocar no receptor amplos contextos associativos. Essas obras evitam as rimas e as assonâncias, estas últimas até então em geral frequentes em Wojtyła, e inclusive esmaece a inclinação, anteriormente muito clara, de forte marcação rítmica do fraseado poético.[5]

Uma observação perspicaz sobre a escrita do autor foi feita por Marek Skwarnicki em seu prefácio a *Poezje i dramaty*, obra publicada em 1980 pela editora Znak, de Cracóvia. Esse prosador e poeta católico polonês, articulista do *Tygodnik Powszechny*[6] e tradutor, assim se expressou então:

5. J. Maciejewski, "Karol Wojtyła i Jan Paweł II wobec literatury", *apud* K. Dybciak, *Karol Wojtyła a literatura*. *Op. cit.*, p. 71-72.
6. *Tygodnik Powszechny*: semanário católico de temática sociocultural fundado pelo cardeal Adam Stefan Sapieha em 1945.

> A criação poética, juntamente com o trabalho acadêmico, sobretudo na área de filosofia, tornou-se decerto para ele [...] uma das vias para conhecer e sondar em profundidade a realidade humana, talvez a via mais cara a seu coração, porém não a mais importante no cumprimento de suas obrigações. [...] Assim, a poesia pode também desempenhar um papel cognitivo, tal como toda criatividade artística, que não se deixa substituir por outras formas de criatividade puramente intelectual ou científica. A leitura da série de obras de Karol Wojtyła surgidas no período maduro de sua criação poética leva a supor que os versos, justamente, foram seu "laboratório" do coração, da imaginação e da mente a um só tempo, em que punha à "prova" o que de outra maneira não se expressa: os mistérios do amor humano, da Igreja, da maternidade e da paternidade, da morte, mas também os mistérios de um riacho nas montanhas e de uma pedra.[7]

A poesia de Wojtyła possui um leque temático muito rico. Ela apresenta sua visão da vida do homem, das relações humanas, dos conflitos da consciência individual, das experiências místicas. Wojtyła mostra as transformações do coração, o incessante abismar-se de cada um em sua própria realidade. Descreve situações inextricavelmente atreladas à existência humana, descortina o drama da vida, drama que impele o homem a ir além da mediocridade, que o obriga a escolher entre a santidade e a perda da própria humanidade. A cruz e a ressurreição na poesia de Wojtyła são o caminho no qual se realiza a autêntica maturidade humana, em que o homem toma plena consciência de seu valor e de seu destino na comunidade e pela comunidade:

> Em sua maior parte, essa é uma poesia contemplativa, e a luminosidade a fulgir em seu interior tem uma fonte mística. Se não entendermos isso, ficaremos apenas em seu limiar. A beleza que é medida de seu significado se esconde em seus recessos; ela é aquilo que a imaginação se esforça para alcançar, que o pensamento

7. M. Skwarnicki, *op. cit.*, p. 9

e o coração amante do homem e do Deus-homem descobrem e perante o que tanto a razão quanto o sentimento se detêm atônitos, tomados de admiração. Por vezes, todavia, eles se detêm ante a escuridão.[8]

Os poemas de Jawień oscilam entre a extrema concretude e a abstração. Seus versos penetram o cerne da experiência e da consciência do outro. Às vezes esmeradamente elaborados, às vezes lançados como que às pressas à margem das folhas, os textos de Wojtyła são um meio de estar presente para os outros em uma conversa sobre a vida, o homem e os valores. Na opinião de Wiesław Paweł Szymański, historiador da literatura, crítico e romancista, "o que se desenrola nos poemas de Karol Wojtyła não é a descrição do mundo visível, material. É na verdade uma busca por valores. Não há outra obra na poesia polonesa em que o 'mundo dos valores' predomine tão maciçamente sobre o 'mundo das coisas'".[9] Por seu turno, o padre Janusz Stanisław Pasierb, em publicação intitulada "Poezja uniwersaliów" ("A poesia dos universais"), faz o seguinte comentário:

quanto ao método, trata-se de uma poética muito próxima da Bíblia [...] e uma obra ligada não tanto à história quanto a valores eternos, é uma poesia de universais. Impossível não pensar aqui que a poesia [...] teve um grande papel preparando a vocação derradeira do autor para pastor universal. Evidentemente, as questões eternas e universais sedimentaram-se em vivência histórica, em testemunho pessoal do autor. Em que pese toda a discrição, é perceptível a ligação entre sua poesia e sua vida, sobretudo sua biografia interior [...]. A obra literária não foi algo que se desenvolveu à margem da vida, do trabalho, da atividade acadêmica do padre, do professor, do bispo, do

8. *Ibidem*, p. 9.
9. W. P. Szymański, *Z mroku korzeni. O poezji Karola Wojtyły, apud* K. Dybciak, *Karol Wojtyła a literatura. Op. cit.*, p. 76-77.

> cardeal — assim como não se mantém à parte das ações e do ensinamento do Papa.[10]

A rigor, a poesia de Jawień possui o caráter objetivo de um relato. O sujeito do enunciado não dá a ver diretamente suas reações emocionais, esforça-se, antes, para transformá-las em valores intersubjetivos duráveis. A expressão é nitidamente contida, entremostra-se com sutileza, resultando assim mais efetiva. As ferramentas do autor são a reflexão, a confissão tranquila ou a constatação. A linguagem é cuidadosamente pensada. Wojtyła aspira à precisão, que assegura que uma ideia ou imagem não encontre na linguagem um obstáculo a fim de se revelar ao leitor. Em uma poesia tão religiosa, há poucos termos, imagens ou frases que remetam diretamente ao nome de Deus ou a temas sacros.

> De modo algum essa poesia resvala na mera devoção. E, em consequência do fato de que todo o espaço poético de Karol Wojtyła é preenchido por Deus e de que o tema dessa criação é a realidade humana, cabe dizer que essa obra supera o profundo dilaceramento da cultura contemporânea entre as esferas aparentemente autônomas do *sacrum* e do *profanum*. Essa poesia sacraliza a totalidade da existência humana, ela é uma realização excepcional, e não apenas no aspecto literário.[11]

É possível detectar na obra poética de Wojtyła o constante aparecimento de imagens e elementos simbólicos que servem de veículo das ideias centrais de sua visão de mundo. Cabe chamá-los de "temas", ou "motivos", com base nos quais o escritor apreende o mundo. São tais "temas" no autor: o fundo da alma, o cintilar da

10. J. S. Pasierb, "Poezja uniwersaliów", *apud* K. Dybciak, *Karol Wojtyła a literatura*. *Op. cit.*, p. 63.
11. M. Skwarnicki, *op. cit.*, p. 9.

água, o sofrimento, o espaço espiritual, a comunhão, o ir além de si, a união pessoal, entre outros. Esses temas não são casuais em Jawień, pois as regras que conferem ordem e direção ao desenvolvimento das meditações poéticas lembram as regras de conduta do homem que procura e conhece a Deus. São as mesmas regras, além disso, que seguiram ao longo da vida os grandes místicos de nosso círculo cultural.

Para definir as coordenadas genológicas das obras de Karol Wojtyła, o próprio autor como que vem em socorro dos leitores:

> Cada título dos textos poéticos vincula-se, com bastante exatidão, a determinadas tradições de gênero: em duas fórmulas empregadas na titulação das obras consta a palavra "consideração"; no subtítulo de um drama poético a palavra "meditação"; em outros títulos encontramos "pensamentos". Já as indicações autorais situam as obras discutidas em um âmbito de enorme relevância para a literatura europeia, os escritos meditativos [...]. Esse não é um conjunto homogêneo. Podem-se distinguir nele três categorias. Em primeiro lugar — ao menos para o nosso autor —, as meditações são reflexões de teor religioso, de maior abundância na Idade Média, em torno do martírio e da morte de Cristo, gênero que deu belos frutos também nas letras polonesas. A esse modelo da tradição remetem diretamente, em sua totalidade, dois poemas longos: "Consideração sobre a morte" e " A pedreira", os quais têm por tema — o primeiro — o problema da mortalidade da existência humana e — o segundo — o caso concreto da morte de um trabalhador. A denominação "meditações" é usada também para definir certo tipo de obra filosófica, por exemplo, *As meditações sobre a filosofia primeira*, de Descartes. E também aqui encontramos vinculações, já que o discurso filosófico constitui um traço característico de todos os textos literários de Wojtyła, exemplos clássicos, sem dúvida, de realização verbal de um concentrado exercício de pensamento, de aprofundamento em uma problemática existencialmente significativa. Em terceiro, costumam ser designados como meditações, em chave mais metafórica, os versos líricos reflexivos, comuns em especial nos tempos do Barroco, do Romantismo e em nossa contemporaneidade.[12]

12. K. Dybciak, *op. cit.*, p. 36.

A obra poética de Wojtyła não é fácil, nem no original nem em tradução. Sua leitura exige um esforço pessoal, da mente e do espírito, como que uma colaboração com o autor na descoberta e no entendimento das relações do homem com Deus e do mundo da natureza com o Infinito. A análise dos poemas do Papa leva-nos a conclusões teóricas não só de cunho literário, como também antropológico e teológico. Sua criação é um fenômeno que não se restringe às letras; seus objetivos encontram-se mais além da realidade da arte.

No entanto, a vida inteira de Karol Wojtyła, mais tarde João Paulo II, tem um caráter eminentemente artístico, poético. Conforme o já referido Jarosław Maciejewski:

> Com toda a sua atividade, cheia de dramáticas peripécias, aí compreendidas inclusive as vicissitudes do destino pessoal [...], com todo o arrebatador conteúdo de seu programa, que propõe de novo ao homem uma saída das crises e conflitos existenciais, sociais, nacionais, [...] com todos os seus ensinamentos, expressos no estilo compacto, sugestivo e às vezes patético de suas encíclicas e cartas, com o espetáculo cheio de simbolismo de suas peregrinações, ele cria o maior poema da contemporaneidade, aquele que aborda seus problemas capitais, uma teodiceia moderna e, quem sabe, a epopeia do fim do século XX. Não se trata, naturalmente, de uma obra poética na acepção usual, não se trata apenas de palavras ciosamente escolhidas e engenhosamente dispostas. Trata-se de poesia em sentido lato, portanto, de uma visão ou configuração do mundo para fazer dele — assim como da própria vida — o que disse Słowacki: "Um poema para Deus", ou, dito de outro modo, "uma bela dádiva para Deus".[13]

Enfim,

> para este que escreve [— e a autora do presente livro tem a mesma opinião —], essa obra toda [de Wojtyła] foi e é uma espécie de chave

13. J. Maciejewski, *apud* K. Dybciak, *Karol Wojtyła a literatura*, *op. cit.*, p. 70.

para a vida interior de João Paulo II, desde os tempos da juventude até hoje. E ela será tal chave para a maioria dos leitores. Não há outros textos de Karol Wojtyła que mostrem o fluxo de sua vida interior e tantos pensamentos recônditos e experiências de natureza mística como — precisamente — sua poesia. Tudo isso fica manifesto em sua lírica, em seus poemas longos, em seus dramas em verso ou em suas meditações [...].[14]

2. O TRABALHO

O trabalho teve início dentro, e fora tem tanto espaço que de pronto alcança as mãos e os limites do alento.[15]

"Kamieniołom" ("A pedreira") é talvez um dos mais belos poemas sobre o trabalho na literatura polonesa: "Não conheço outra obra poética em que se tenha mostrado de maneira tão concisa o drama e a essência da história da minha pátria. O final do poema é uma das mais profundas, se não a mais profunda, descrição da verdade 'da terra polonesa'."[16]

Karol Wojtyła não participou diretamente dos acontecimentos políticos do ano de 1956 na Polônia, mas vivenciou-os com singular intensidade. Dá testemunho disso "A pedreira", escrito nesse período e publicado sob o pseudônimo de Andrzej Jawień em novembro de 1957 nas colunas do mensário *Znak*. Na obra, o poeta retoma suas experiências de trabalho para a firma Solvay durante a ocupação. Recordemos que em 1940, antes que fosse transferido

14. M. Skwarnicki, "Poetycka droga papieża Wojtyły". *In*: *Karol Wojtyła — Poezje Dramaty Szkice Jan Paweł II — Tryptyk Rzymski*. Cracóvia: Znak, 2004, p. 8-9.
15. K. Wojtyła, "Kamieniołom". *In*: *Poezje i dramaty*, *op. cit.*, p. 49.
16. W. P. Szymański, *op. cit.*, *apud* K. Dybciak, p. 40.

para uma fábrica de sódio em Borek Fałęcki, Wojtyła trabalhava em uma pedreira em Zakrzówek, de início instalando trilhos e, mais tarde, como auxiliar de dinamitador.

"Não é difícil", afirma Krzysztof Dybciak,

> identificar as palavras-chave de "A pedreira": mãos, coração, trabalho, esforço, martelo, explosão, dilaceramento, impacto, corrente, pedra, amor, ira [...]. O trabalho possui não apenas as dimensões energética e tecnológica, mas também outras, por exemplo, como fator de formação da personalidade [...]. O processo do trabalho é examinado em toda a sua complexidade e em toda a sua riqueza — ele é definido não somente pelo contato com a natureza e a obtenção de valores materiais, mas em igual (e até maior) medida pela influência na subjetividade do indivíduo e pelo aspecto da criação de vínculos interpessoais.[17]

Wojtyła apresentou com realismo no poema a crueza e o extenuante esforço da labuta do trabalhador, seus efeitos desgastantes, mas também certo *pathos* indissociável do ato de produzir valores objetivos que constituem o fundamento das demais empreitadas de construção. Expressou, enfim, a dignidade da condição do trabalhador e seu dramatismo. O poeta enxerga o trabalho como ele é. Jawień mostra o corpo coberto do suor decorrente do esforço, esforço que sustenta todo o edifício da civilização. Mostra a explosão das rochas como um combate entre o poder imóvel da natureza e a vontade e os esforços do homem. Em Wojtyła, o homem amadurece no trabalho, o labor humano tem um alcance metafísico, o próprio ser humano torna-se semelhante a uma espécie de templo:

> Quando por um momento ele se transforma assim nos traços de um
> [santuário gótico,

17. K. Dybciak, *op. cit.*, p. 48.

que o prumo nascido de seu pensamento e de seus olhos perpassa —
não se trata só de um vulto!
Não se trata só de um perfil entre a rocha e Deus,
condenado à grandeza e ao erro![18]

O poeta cuida de esclarecer que a peculiar dignidade do trabalho humano resulta do fato de que ele tem parte na obra da Criação. Toda a sua grandeza repousa no interior do homem: o trabalho nasce em seu coração. Na fadiga do trabalho o homem aproxima-se de Deus. Em seu fazer poético, Karol Wojtyła trava desse modo uma polêmica com a ideologia do comunismo marxista, que erguendo o trabalho e o trabalhador em um pedestal de fato mascarava a exploração do trabalho das pessoas no sistema totalitário russo e afastava o homem de Deus.

"A pedreira" possui uma densa camada de significados. Dá-se a ouvir na obra um monólogo interior, ou antes um diálogo, orquestrado em duas vozes. Exibe-se nele a gênese do ato humano, que nasce de uma inspiração, a qual tem origem no amor e na ira. A primeira voz dirige-se a seu *alter ego*:

Portanto, se queres acertar de longe e entrar, e restar entre os homens,
deves concentrar ambas essas forças em um discurso sumamente
[simples
(teu discurso não pode romper sob as tensões da alavanca
criada pelo amor e pela ira).
Então ninguém te arrancará do homem, ninguém te apartará dele
[jamais.[19]

O poema compõe-se de quatro partes de extensão desigual. A primeira parte, intitulada "Matéria-Prima", abrange quatro fragmen-

18. K. Dybciak, *op. cit.*, p. 48.
19. *Ibidem*, p. 49.

tos numerados, divididos cada qual em estrofes de extensão reduzida. O fio condutor dessa parte são as relações de dependência recíproca da matéria, representada pelas rochas da pedreira e pelas várias formas de energia que agem sobre essa matéria: os golpes do martelo do mineiro ou da corrente elétrica que fazem rebentar a pedra. Outro tema aqui é o da energia da dor humana, o trabalho do pensamento e as comoções do coração. Para o autor, o reflexo mais perfeito da árdua labuta está nas mãos:

> As mãos são a paisagem do coração. Não raro as mãos se fendem
> como desfiladeiros que indefinidos elementos percorrem.
> Essas mesmas mãos que o homem só abre
> quando estão impregnadas de trabalho —
> e quando vê que, graças a ele só, outros já se vão tranquilos.
>
> As mãos são uma paisagem. Quando se fendem, inunda as feridas
> a dor física, correndo livremente como um riacho.
> Mas o homem não pensa na dor.
> A dor em si ainda não é grandeza,
> e sua grandeza própria ela é incapaz de nomear.[20]

A segunda parte do poema, intitulada "Inspiração", subdivide-se em duas seções. Talvez seja o trecho mais difícil de toda a obra, resistente a uma interpretação simples e homogênea, mas, sem dúvida, de importância-chave. Trata-se nele da relação recíproca entre a vontade humana e sua efetiva "tradução" posterior no trabalho consumado. Não necessariamente está em questão o trabalho físico, e sim todo empenho humano em um labor cujo fruto redunde em depuração e equilíbrio de duas forças equivalentes: a ira e o amor.

Nas ideias de Wojtyła sobre o trabalho alienante e escravizador dos operários no comunismo real, a categoria central é a ira.

20. *Ibidem*, p. 48.

No trabalho, no sangrento confronto com a terra, o homem põe sua vida em risco. O autor observa que as energias domadas pelo homem graças ao esforço do corpo e da razão podem voltar-se contra ele. Tudo isso desperta medo diante da terra. Bem como medo diante dos outros. Pois o homem confronta-se com a terra juntamente com os outros, o trabalho é sempre trabalho comum. Têm um significado decisivo aqui a lealdade e a honestidade. Cada deslealdade no trabalho é um atentado contra a vida de um homem. A ira nasce da resistência da matéria e da desonestidade humana. O operário sente enorme ira do companheiro que incorre em falta para com ele, expondo-o ao perigo ou tornando seu trabalho injustamente duro. Ainda maior é a ira perante todo um sistema social fundado na injustiça e no qual, não ocasionalmente, porém de maneira sistemática, uns poucos se apropriam dos frutos do trabalho de muitos e tornam-lhes a vida muito mais dura a fim de garantir seu domínio. A ira nasce, portanto, do desdém pela gravidade do trabalho humano. E exprime-se nela, ainda, uma derradeira forma de amor.

Qual é então o modo adequado de vivência da ira? — perguntará o leitor. A resposta de Wojtyła aponta para o caminho do reconhecimento da própria participação no mistério da transformação de todas as coisas. Essa participação no cumprimento da dádiva da existência torna-se patente nas situações-limite. A morte é uma delas: "Conheço-vos, esplêndidas criaturas, criaturas sem maneiras e etiqueta./ Sei enxergar o coração do homem sem véus e sem aparências./ Certas mãos pertencem ao trabalho, certas mãos pertencem à cruz".[21] Que significa aqui a afirmação "certas mãos

21. K. Wojtyła, "Kamieniołom". *In*: *Poezje i dramaty*, *op. cit.*, p. 50.

pertencem ao trabalho, certas mãos pertencem à cruz"? Em uma perspectiva, as mãos que pertencem à cruz simbolizam as mãos de quem morre. Em outra, as mãos que pertencem à cruz podem conotar as mãos do sacerdote, que meditava então acerca de sua vocação religiosa. Em alguma medida, ambas as leituras superpõem-se uma sobre a outra. Pois toda morte, assim como toda Santa Missa celebrada pelo sacerdote, é repetição do sacrifício de Cristo. A tarefa do sacerdote é manifestar o sentido do que se consuma no corpo e na matéria do mundo.

No fecho da segunda seção de "Inspiração" surge o intrigante fragmento — citado linhas atrás — vazado conforme a poética da lírica exortativa, mas que, a rigor, como é possível deduzir do contexto, dá exemplo de um monólogo interior reflexivo no qual o sujeito poético enuncia uma verdade muito importante:

> Portanto, se queres acertar de longe e entrar, e restar entre os homens,
> deves concentrar ambas essas forças em um discurso sumamente
> [simples
> (teu discurso não pode romper sob as tensões da alavanca
> criada pelo amor e pela ira).
> Então ninguém te arrancará do homem, ninguém te apartará dele
> [jamais.[22]

Quem profere essas palavras? Não se deve descartar a hipótese de que a voz ouvida pelo eu lírico em seu coração seja a voz da vocação, inspirada pelo Outro que o persuade a um pleno engajamento nos assuntos humanos: "Então ninguém te arrancará do homem, ninguém te apartará dele jamais".[23]

22. *Ibidem*, p. 49.
23. *Ibidem*, p. 49.

Na terceira parte do poema, intitulada "Participação", talvez a mais uniforme do ponto de vista temático-composicional, leem-se palavras sintomáticas:

> E de novo resta o silêncio entre o coração, a pedra e a árvore.
> Cada um pode adentrar nele. Se adentrou, continuará a ser quem é.
> Se não, apesar das aparências, não terá participado
> de todos os assuntos da terra.[24]

A palavra-chave no fragmento é "silêncio" — como positividade, como sinônimo de quietude que se torna para o homem um chamado. A quê? À contemplação da "pedra" e da "árvore", que remetem aqui a dois estados distintos da matéria que são objeto do trabalho humano. A pedra, tal como a árvore, pode ser talhada, pode tomar determinado feitio, transformando-se em algo de útil para as pessoas. Tal trabalho pode ter sentido e realizar o homem sob a condição de que este o aceite na quietude do próprio coração, de que adentre nele não como um cego "operário" que não compreende o sentido mais alto de sua labuta, mas como um criador interiormente livre. Somente então o homem-trabalhador continuará sendo quem é. Para Wojtyła, ser quem é significa ser com os outros, agindo com eles e em meio a eles, criando em um grupo de pessoas livres, que entendem o sentido superior do trabalho executado. Só o trabalho entendido desse modo deixa de ser uma maldição, não envilece o homem, não o destrói, e sim todo o contrário — enriquece-o, liberta-o e transforma-o. Fazendo uso das palavras de Cyprian Kamil Norwid, grande escritor e pensador cristão do século XIX, mestre poético de Karol Wojtyła,

24. *Ibidem*, p. 50.

o trabalho faz-se a fagulha e o fermento da vida eterna na dimensão da eternidade: "Pois o belo é o que enleva/ Para bem do trabalho — e o trabalho, é para bem da ressurreição".[25]

Não por acaso "A pedreira" termina com uma quarta parte, sem título, dedicada "À memória de um companheiro de trabalho". Ela tem por tema a trágica morte de um dos trabalhadores da pedreira, que abre de súbito uma fenda na estrutura daquela comunidade:

> Ele não estava só. Seus músculos enfeixavam-se na imensa multidão
> enquanto erguiam o martelo e pulsavam de energia —
> mas tudo isso durou apenas enquanto sentiu o chão sob os pés,
> enquanto uma rocha não lhe esmagou a têmpora
> e não rompeu os ventrículos do coração.
> [...]
> Seu tempo estacou com violência. Nos mostradores de baixa tensão
> os ponteiros rebentaram repentinamente e caíram de novo a zero.[26]

Segundo uma concepção materialista, o corpo volta para a terra,

> e o espírito — o sentido da morte — encarna-se na ira do proletariado, tornando-se parte de sua memória histórica, a qual se expressa no desejo de vingança. Desse modo, contudo, não se faz justiça ao que é mais essencial no homem. Não se entende o modo como a ira amadurece, conferindo à vida seu sentido e sua verdade. O marxismo vê a força motriz da história na potência da negatividade, que destrói todas as formas sociais e culturais, que de novo e de novo, mas sempre apenas provisoriamente, impõem liames ao curso do povir. O futuro só nasce da destruição da ordem presente. Segundo Wojtyła, no entanto, existe uma positividade básica que vai amadurecendo na vida do homem: cada vida humana constitui uma totalidade acabada, em cada uma tem lugar um encontro insubstituível com a verdade, o qual se deveria acompanhar com

25. C. K. Norwid: *Promethidion. Rzecz w dwóch dialogach z epilogiem*; wstęp i opracowanie Stefan Sawicki. Cracóvia: Universitas, 1997, p. 80.
26. K. Wojtyła, "Kamieniołom", *op. cit.*, p. 50.

respeito e tremor, porque possui um significado para a história do homem como tal.[27]

Conforme Wojtyła, então, a vida do homem constitui um todo acabado, em cada uma se dá um encontro singular com a verdade, o qual seria o caso de acompanhar com respeito, porque ele possui relevância para a história do ser humano como tal. O homem não é apenas uma partícula da massa, de uma classe ou da história, porém ultrapassa todas essas categorias em sua profundidade de pessoa, concriando o conteúdo humano de cada uma delas: "Mas o homem levou consigo a estrutura interna do mundo,/ na qual o amor arde em chamas tanto mais altas quanto mais é atiçado pela ira".[28] Como afinal entender essa enigmática sentença, que se oferece como uma afirmativa repleta de profunda convicção? Que significa para o poeta "a estrutura do mundo", cujo desdobramento, realizado em plano escatológico, é codependente do amor e da ira, ou seja, de dois aspectos-chave da vida pessoal? A resposta acha-se nas palavras "o homem levou consigo...". Podemos conjecturar que se trata aqui do momento de passagem da vida para a morte.

O poeta percebe a morte como término de certa etapa do caminho do homem, mas ao mesmo tempo como começo de uma nova jornada, para a qual o ser humano se dirige com a bagagem de todos os seus desejos, esforços e realizações até ali. Noutras palavras, a morte conclui, porém não aniquila, pois acima dela — em um mundo que ainda não conhecemos e quando muito pressentimos — existe um amor que salva, que arde em altas chamas,

27. R. Buttiglione, *Myśl Karola Wojtyły*. Lublin: Wydawnictwo Instytut Jana Pawła II KUL, 2010, p. 341.
28. K. Wojtyła, "Kamieniołom", *op. cit.*, p. 51.

dando início a uma forma nova e inimaginável de nossa existência, fundada, todavia, no que realizamos aqui na terra.

3. Pátria

> *Pátria — quando penso — então me expresso e me enraízo,*
> *é o coração que o diz, como uma espécie de fronteira oculta*
> *[que corre de mim*
> *rumo aos outros, para abraçar-nos todos em um passado mais*
> *[antigo que cada um de nós:*
> *nele tomo vulto... quando penso Pátria — para*
> *[encerrá-la em mim como um tesouro.*
> *E torno sempre a perguntar como multiplicá-lo, como ampliar*
> *[esse espaço que ela preenche.*[29]

Encontramos talvez a expressão mais perfeita do simbolismo do rincão pátrio na obra literária de Karol Wojtyła nos versos de "Pensando Pátria...":

> A terra natal não foi aqui concretizada, todavia, tampouco apareceram os nomes "Polônia", "República", mas o conteúdo indica sem sombra de dúvida que se trata dessa vez da pátria do autor e da nossa. A demonstração mais clara disso é o bosquejo da história polonesa na parte central da obra, que evoca uma primeira fase, "tempos de fragmentação e a idade de ouro", depois a "dourada liberdade" e em seguida a ela o cativeiro, e "os sacrifícios de gerações", a aspiração à liberdade "mais cara que a vida" e "mais forte que a morte". Não são evocados eventos históricos concretos, nomes de pessoas ou de localidades geográficas, e não obstante se sabe de qual nação é a história de que fala o sujeito poético.[30]

29. K. Wojtyła, "Myśląc Ojczyzna...". *In*: *Poezje i dramaty*, *op. cit.*, p. 78.
30. K. Dybciak, "Semantyka ojczyzny i narodu w poezji Karola Wojtyły". *In*: *Trudne spotkanie. Literatura polska XX wieku wobec religii*. Cracóvia: Arcana, 2005, p. 220.

Fica manifesto quão persistente foi a reflexão de nosso autor sobre as questões nacionais em uma obra escrita nos últimos anos de pontificado, a última publicada em vida pelo Santo Padre. *Pamięć i tożsamość* (*Memória e identidade*), décadas mais tarde, retorna na forma de um ensaio dialogado aos temas e às ideias já transmitidos em formas poéticas. Recordemos as distinções e as definições fundamentais de João Paulo II.

A pátria, para o escritor, em um nível material elementar, é a terra-mãe. Como afirmou em *Memória e identidade*:

> Na noção de "pátria" se contém um entrelaçamento profundo entre o que é espiritual e o que é material, entre a cultura e a terra [...]. A pátria é um bem comum a todos os cidadãos e, como tal, é também um grande dever. [...] A pátria é uma ampla realidade. Pode-se dizer que é a realidade a cujo serviço se desenvolveram e se desenvolvem com o passar do tempo as estruturas sociais, começando pelas tradições tribais.[31]

João Paulo II percebe, ademais, uma estreita vinculação de sentido entre pátria e nação:

> Na língua polonesa — e não só nela —, o termo *naród* (nação) deriva de *ród* (tribo, estirpe), *ojczyzna* (pátria), entretanto, tem sua origem na palavra *ojciec* (pai). O pai é aquele que junto com a mãe dá vida a um novo ser humano. Com a geração da vida pelo pai e pela mãe está associada a noção de *ojcowizna* (patrimônio), que constitui o pano de fundo do termo pátria. O patrimônio e, por extensão, a pátria estão assim estritamente associados em seu sentido a "raiz" (*rdzeń*). E também a palavra nação, do ponto de vista da etimologia, se associa com "dar à luz", "nascer" (*rodzenie*).[32]

Pátria e nação ocupam a maior parte do poema aqui analisado, "Pensando Pátria..."; no nível da nação desenrola-se uma história

31. K. Wojtyła, *Pamięć i tożsamość*, *op. cit.*, p. 72.
32. *Ibidem*, p. 72.

mais longa que a do clã. Participando da história, a nação torna-se parte da humanidade.

No texto de Wojtyła, as relações mais ricas de significado ligam o âmbito nacional ao universal (compreendido em termos religiosos). Os vínculos entre esses planos da existência pessoal e coletiva são diversos, porque ao longo da história as nações tiveram um papel muito grande na configuração das personalidades individuais e na definição das formas de vida dos grupos, como se constata à luz das experiências históricas e das pesquisas efetuadas no campo das ciências humanas.

O pertencimento a uma nação, sobre o qual o poeta escreve em "Pensando Pátria...", proporciona ao indivíduo uma língua. Considerações sobre a língua vão precisando o objeto e o interlocutor do enunciado poético. De início há uma percepção amarga: "As línguas das nações não acolheram a fala dos meus pais, explicando: 'muito difícil' ou 'desnecessária' —/ na grande agremiação dos povos não falamos nosso idioma./ A língua própria encerra-nos em nós mesmos: é fecho, não abertura".[33] O autor acrescenta, porém, que a fala é um elemento fundamental, ou melhor, uma realidade fundamental, o espaço em que transcorre a vida do espírito do ser humano. Como diz o eu lírico: "para além da fala estende-se o abismo".[34] Nela está contida a história, nela está contida, igualmente, a comunidade linguística. Na fala residem a sabedoria coletiva e um oculto mistério. O sujeito poético insinua a revelação de verdades ocultas à sua própria nação e às outras. Sublinha que o polonês não é devidamente avaliado em escala mundial: "nos mercados do mundo não com-

33. K. Wojtyła, "Myśląc Ojczyzna". *In*: *Poezje i dramaty*, *op. cit.*, p. 74.
34. *Ibidem*, p. 79.

pram nossas ideias em razão do alto preço das palavras".[35] Sendo o meio nativo, a matriz do indivíduo, a língua nacional possibilita que ele exista espiritualmente.

Encontramos no poema de Wojtyła ideias sobre a nação nascidas de um olhar voltado para o passado da Polônia; são pensamentos sobre uma história excepcionalmente difícil, que exigiu um empenho quase ininterrupto de avivamento da esperança e de luta pela existência. O sacrifício é moralmente aceitável, em determinados períodos até mesmo o sacrifício da vida. E deveria tornar-se comum uma atitude de vigilância diante das chances históricas. Eis uma das citações eloquentes nesse sentido: "Fraco é o povo que consente na própria derrota, ao esquecer que foi chamado à vigilância até que chegue sua hora. As horas giram sem cessar no grande relógio da história".[36]

O autor também recorda o destino comum das nações da República em uma tocante exclamação: "Vós que atastes vossa liberdade à nossa, perdoai!".[37] Contém-se nessas palavras a dor da independência perdida, das chances perdidas de uma coexistência solidária, amigável, talvez até em união — uma união que respeitasse as peculiaridades culturais de cada parceiro.

Wojtyła reservou bastante espaço, ainda, para a questão da liberdade. Na opinião de Stanisław Andrzej Gruda:

> A liberdade deve ser continuamente conquistada, não é possível apenas possuí-la. Ela vem como uma dádiva, e é conservada lutando. A dádiva e a luta inscrevem-se em páginas ocultas, e não obstante manifestas.

35. *Ibidem*, p. 79.
36. *Ibidem*, p. 81.
37. *Ibidem*, p. 80.

> Com todo o Teu ser pagas pela liberdade — chama de liberdade, então, poder pagar de novo e de novo para possuir a si próprio.
> Com esse pagamento adentramos na história e franqueamos suas épocas:
> por onde passa a linha divisória das gerações entre aqueles que não pagaram o bastante e aqueles que tiveram de pagar demais? De que lado estamos?[38]

O autor afirma que a liberdade não é um fim único. Ser livre possibilita alcançar outros valores. Antes de mais nada, ser livre é um valor em si mesmo, um bem superior, hierarquicamente falando. É dádiva e luta. A dimensão da "dádiva" aponta para uma fonte misteriosa e um valor fora do comum. A dimensão da "luta" lembra que é preciso travar um combate incessante pela liberdade, que é preciso esforço para conquistá-la. Segundo o poeta, a liberdade é um valor tão extraordinariamente "caro" porque ser de fato livre é um modo de existência eticamente precioso, em conformidade com os mandados da consciência. E, com efeito, a "consciência" é uma das categorias centrais em "Pensando Pátria...". Wojtyła salienta que o plano dos eventos históricos deveria ser avaliado e regulado pela consciência e que a consciência individual é importante por haurir sua verdade da "Igreja das consciências", a realidade fundamental.

O final da obra trata da "liturgia da história". Chegamos aqui ao sentido primordial do poema de Karol Wojtyła. A liturgia cristã presentifica o sacrifício de uma vida, oferece a salvação, rememora e permite que se tome parte na missão salvadora de Cristo. Aqui, a Igreja torna-se a maior das pátrias: "Aprendendo uma nova esperança, seguimos através desse tempo rumo a uma terra nova. E Te erguemos, ó terra antiga, como um fruto do amor das gerações, que

38. *Ibidem*, p. 79.

encobriu o ódio".[39] "O tempo da nação", da humanidade e da história, pode tornar-se às vezes anseio pela salvação. A "Terra Nova" lembra a Nova Jerusalém da Bíblia. Para Stanisław Andrzej Gruda, os sofrimentos, as derrotas pessoais e históricas têm um sentido não apenas moral, como também metafísico.

Com sua camada de significações religiosas, "Pensando Pátria..." integra a totalidade da obra poética de Wojtyła e seus múltiplos problemas de cunho social, teológico e filosófico.

* * *

A pátria — sua região natal e a Polônia — também é evocada pelo poeta nos versos de "Stanisław". Wojtyła escreveu a obra logo após a morte de João Paulo I. Como esclareceu mais tarde em uma conversa com o conhecido filósofo e teólogo norte-americano George Weigel, o poema foi escrito para saldar uma dívida para com a cidade de Cracóvia. Seu tema é o martírio como fonte do sentimento nacional polonês e modelo universal da vocação cristã.

A Igreja, escreve o autor,

> uniu-se com minha terra
> (foi-lhe dito: o que quer que unires na terra,
> será unido no céu)—
> então se uniu com minha terra minha Igreja.
> Essa terra repousa na bacia do Vístula,
> as águas sobem na primavera, quando a neve
> [derrete nos Cárpatos.
> A Igreja uniu-se com minha terra,
> para que tudo o que se una em seu bojo seja
> [unido no céu.[40]

39. *Ibidem*, p. 81.
40. K. Wojtyła: "Stanisław". *In*: *Poezje i dramaty*, *op. cit.*, p. 86.

Dos pais do cristianismo na Polônia, uma das mais importantes (quase arquetípicas) figuras foi o antecessor de Karol Wojtyła no arcebispado de Cracóvia, são Stanisław. Graças a seu martírio,

> [...] a nação
> foi batizada novamente
> em um batismo de sangue: para mais de uma vez, depois, passar
> pelo batismo de outra provação —[41]

O sangue dos mártires fertilizou "a gleba da liberdade humana" na Polônia, tocada pelo sopro do Espírito Santo. E graças ao Espírito Santo "nada vos dividirá!/ [...] Seguem lado a lado a palavra e o sangue".[42] E, ainda que "a palavra não converta, o sangue há de fazê-lo".[43]

A Polônia é "terra de uma difícil unidade", diz Wojtyła,

> Terra de uma gente em busca de seus próprios caminhos.
> Terra de uma longa cisão entre príncipes de mesma linhagem.
> Terra submetida à liberdade de um só em face de todos.
> Terra por fim dilacerada no decurso de quase seis gerações,
> dilacerada nos mapas do mundo! E quão mais no destino de
> [seus filhos![44]

E contudo, a despeito desse martírio nacional, tal como no martírio do bispo Stanisław, a Polônia permaneceu "unida no coração dos poloneses"[45] acima de qualquer coisa.

41. *Ibidem*, p. 86.
42. *Ibidem*, p. 87.
43. *Ibidem*, p. 87.
44. *Ibidem*, p. 88.
45. *Ibidem*, p. 88.

4. *Sacrum* e mística

Sem dúvida, Karol Wojtyła é um poeta religioso; o *sacrum*, em sua poesia, tem uma importância primordial. Suas vivências mais profundas nascem da fé, nas proximidades de Deus. O sagrado, digamos, é uma de suas fontes essenciais de luz.

O *sacrum* é o tema principal de "Myśl jest przestrzenią dziwną" ("O pensamento é um espaço estranho") e "Profile Cyrenejczyka" ("Os perfis do cireneu"). No primeiro dos poemas mencionados, lidamos com uma espécie de fenomenologia entendida no sentido de Hegel: "Trata-se de uma depuração da consciência subjetiva, que no encontro com o *sacrum* é chamada — em meio à desordem de uma vida banal e desesperançada em sua banalidade — a retornar a si própria".[46]

"O pensamento é um espaço estranho" pertence às obras de Wojtyła que foram inspiradas por motivos e personagens bíblicos, tirados do Antigo Testamento e dos Evangelhos. Na dedicatória do poema o autor remete-se a um fragmento do *Gênesis* (Gn 32), pondo diante do leitor a figura do patriarca Jacó, que lutou com o Anjo e o viu "face a face". O ponto de partida do texto é a descrição do encontro de Jacó com Deus. Esse acontecimento dá início a uma profunda reflexão sobre a vida do homem e o trabalho. A obra foi publicada originalmente no *Tygodnik Powszechny*, em 1952, sob o pseudônimo de Andrzej Jawień.

O poema compõe-se de quatro partes: a primeira e a terceira abordam o problema do trabalho; a segunda parte desenvolve "o motivo de Jacó" e seu encontro com Deus; a quarta parte contém uma mensagem para o homem contemporâneo. Wojtyła ocupa-se

46. R. Buttiglione, *op. cit.*, p. 332.

na obra da questão essencial nos dias de hoje que é o confronto com Deus e o lugar em que ele ocorre. Na História da Salvação, Jacó é o único ser humano a ter visto Deus "face a face". O autor lidou aqui com a dificílima tarefa poética da apresentação do momento da abertura da consciência que precede o surgimento da Pessoa Divina:

> E alguém — o mesmo — abriu da mesma forma sua consciência,
> [até o fundo,
> da mesma forma, porém não tal qual uma criança, uma ovelha
> [ou utensílio;
> não os esmagou, no entanto, não os repeliu, e sim abraçou,
> de sorte que tudo estremeceu de leve com Ele, descobrindo o temor
> [em seu âmago.[47]

A abertura da consciência precede e decerto possibilita a abertura do espaço e a entrada do sujeito em territórios até então inacessíveis ao conhecimento e à existência: "E Jacó estremeceu Nele também, porque a realidade/ nunca se descerrara à sua frente tão de súbito [...]".[48]

Wojtyła parte da constatação de que o homem se acha muitas vezes perante verdades difíceis de exprimir por meio da linguagem. Elas estão fortemente enraizadas nalguma parte em nossa imaginação, e não é possível dizê-las com palavras. É uma realidade do espírito, na qual o homem se encontra a sós com Deus:

> Dá-se não raro que, ao longo de uma conversa, nos achamos em
> [face de verdades
> para as quais nos faltam palavras, nos faltam gesto e sinal —
> pois ao mesmo tempo sentimos: nenhuma palavra, gesto nem sinal —

47. R. Buttiglione, *op. cit.*, p. 45.
48. K. Wojtyła, "Myśl jest przestrzenią dziwną". *In*: *op. cit.*, p. 45.

> sustentará a imagem inteira,
> na qual devemos adentrar sozinhos, para bater-nos assim como Jacó."[49]

No entendimento do poeta, o encontro com o *sacrum* restitui o ser humano a si mesmo. Esse encontro faz com que os acontecimentos da vida cotidiana deixem de ser sem sentido e que o homem seja preenchido por uma energia que ele pode direcionar para a esfera de sua consciência. O conhecimento de Deus e a experiência de Sua presença realizam-se, todavia, na solidão. Eles têm o caráter de um combate com uma imagem, pois os sentidos e a imaginação constituem um obstáculo para atingir a própria essência do mistério. O homem é construído de tal maneira, salienta Wojtyła, que não pode se afastar de seus pensamentos, de sua imaginação e de seus sentidos. Daí a pergunta se ele é capaz de apreender a realidade de seu âmago e o mistério de Deus, que ninguém pode abarcar.

O poeta ressalta, ademais, que um elemento importante da identidade do homem é seu sofrimento, que tem lugar em um contexto histórico concreto. Em diálogo com seu interlocutor, faz uma alusão à realidade da Polônia dos tempos stalinistas, frisando que o sofrimento leva a "transformações capitais" e, por isso, adquire especial significado. Graças às atribulações, o homem "desperta nas profundezas de seus mais duros trabalhos", ganha um novo ponto de vista e torna-se alguém novo. O maior dos sofrimentos, contudo, é a "falta de visão", a falta de um olhar verdadeiro sobre si próprio e a falta de resposta à pergunta acerca de quem de fato se é. O homem deve arcar ele mesmo com o enorme esfor-

49. *Ibidem*, p. 44.

ço de se conhecer e de descobrir em seu âmago a verdade sobre quem é. Jacó fez esse esforço:

> Se acaso sofre por falta de visão — deve atravessar por entre os sinais
> até o que pesa no fundo e, como um fruto, amadurece na palavra.
> Há de ser isto justamente aquele peso que Jacó sentiu sobre si,
> quando desabaram nele as estrelas fatigadas como os olhos de
> [suas ovelhas?[50]

O homem deve descobrir ele mesmo o caminho para a verdade, para o que é mais importante, em última instância, o conhecimento de seu Criador. Jacó é uma imagem do fazer-se homem na luta. Ele travou combate com o Anjo na noite. Só pela manhã compreendeu que, lutando, havia tocado o mistério de Deus e conhecido seu Criador.

Jacó oferece exemplo de uma experiência peculiar de Deus. Ele estava próximo da natureza, por meio da qual vivenciava a grandeza de Deus como Criador de tudo. Possuía um conhecimento natural de Deus:

> E este era o pastor Jacó, que entre as potências da terra
> jamais se sentia alheio. Estava tão arraigado nelas
> que um maciço de tácito saber crescia nele sem inspiração
> e costumava visitar os pensamentos, embora faltassem palavras.[51]

Na reflexão noturna Jacó experimentou um conhecimento interior que ultrapassa o conhecimento natural de Deus. Vivenciou intimamente a realidade divina, como uma força interior que o envolveu e subjugou: "curvou-se sob seu peso". O poeta

50. *Ibidem*, p. 45.
51. *Ibidem*, p. 45.

não fala de maneira explícita de uma experiência de Deus, mas de uma Força que enreda Jacó. Como afirmou são Tomás de Aquino, esse é um conhecer a Deus pela onipotência. Só com base em tal experiência desenvolve-se o conhecimento pessoal de Deus como Pai.

Mergulhando em si próprio, o poeta experimenta sua realidade interior até o mais "fundo" da alma. Graças ao pensamento, que vagueia por um espaço ilimitado, o homem toca a "claridade dos objetos", daquilo que é exterior. Wojtyła pergunta então se o pensamento humano pode tocar a essência das coisas. Pois se o pensamento conhecesse apenas o que é exterior, o homem jamais conheceria a realidade que o circunda. Há porém um instante no conhecimento, no qual o homem mergulha de todo em si e descobre no fundo da alma a presença Daquele por meio do qual tudo existe:

> Mas quando ela se inclina com todo o seu peso sobre mim e desaba,
> então se preenche de pensamento e desliza para o fundo do homem,
> no qual piso raramente, do qual de fato não sei,
> ainda que saiba que rolar mais fundo não posso,
> porque a visão e o Objeto pleno possuem esse abismo.[52]

Nessa experiência o poeta toca o limite de sua existência e da presença do Deus-"Objeto", por meio do qual ele existe como "sujeito" do conhecimento.

O poema termina com a expressão "Aos companheiros de jornada", com a qual o autor lembra que não é preciso percorrer a distância até a terra de Jacó para encontrar o lugar em que ele

52. *Ibidem*, p. 46.

se confrontou com Deus. Basta entrar em si, onde cada ser humano porta o mistério da presença do Criador: "Se buscas aquele lugar em que Jacó se bateu,/ não te vás às terras da Arábia, não procures nos mapas o riacho,/ pois encontrarás bem mais perto o rastro deles".[53] Jacó foi aquele que viu Deus face a face, por isso o poeta o escolheu para falar da possibilidade da experiência de encontro com Deus nesta vida. Jacó é hoje um modelo para o homem que busca tal encontro e trava um combate interior com a mente. Em "O pensamento é um espaço estranho", Wojtyła auxilia o leitor a encontrar a trilha espiritual para a descoberta de Deus em seu próprio âmago.

* * *

O tema do confronto com o *sacrum* retorna nos versos de "Os perfis do cireneu". Também aqui é evocado o cotidiano da vida comum, no qual o pensamento se perde sob o peso exaustivo do trabalho:

> Apanha o pensamento — se podes —, apanha o pensamento, faz com
> [que deite raízes
> nos dedos dos trabalhadores da manufatura, ou nos dedos das
> [mulheres
> escrevendo à máquina oito horas por dia
> letras negras pendentes das pálpebras avermelhadas.[54]

Como observou certeiramente o filósofo, cientista político e político italiano Rocco Buttiglione:

53. *Ibidem*, p. 47.
54. K. Wojtyła, "Profile Cyrenejczyka". *In*: *op. cit.*, p. 52.

> O pensamento é uma aventura que atrai incessantemente o homem. O risco de aceitar a responsabilidade pela verdade manifesta-se em meio à banalidade da vida, o homem guarda desconfiança de si mesmo e um vago sentimento de ameaça. É uma ameaça de perda de si no confronto com um mistério — um mistério fascinante e ao mesmo tempo assustador.[55]

Wojtyła convida seu leitor a esse encontro:

> Segue antes com a onda! Segue com a onda e não firas os pés —
> a onda te abraçará de tal modo que não sentirás que afundas.
> [...]
> Então, porém, Ele virá e passará seu jugo
> para Teus ombros. Sentirás, acordarás, estremecerás.[56]

A descrição do ser humano que se eleva ao limiar do *sacrum* tem um caráter excepcionalmente eloquente em Wojtyła. Aquele que desperta o homem é Cristo, justamente, e o despertar consuma-se além da morte e é mais forte do que a morte.

O sujeito poético menciona uma série de perfis: um ator, um melancólico, um cego, um esquizotímico... São pessoas banais, e no entanto cada uma é chamada a experimentar um drama pessoal. O confronto com o *sacrum* é uma ampliação da consciência, que reflete a Cristo em si e, ao mesmo tempo, é refletida em Cristo: "Olhando nos olhos do Homem. [...]/ Meu pequeno mundo: a justiça premida nas tenazes das normas!/ Teu grande mundo, Teu grande mundo: a pupila, a trave — e Ele!".[57]

Rompida a carapaça de sua própria medida de justiça, o ser humano começa a aprofundar-se nos mistérios da vida. Isso confe-

55. R. Buttiglione, *op. cit.*, p. 334.
56. K. Wojtyła, "Profile Cyrenejczyka". *In*: *op. cit.*, p. 53.
57. *Ibidem*, p. 58-59.

re a ele um olhar mais penetrante sobre o mundo, permite que vislumbre o drama de sua própria existência, que se vai desenrolando nos eventos triviais da vida diária, eventos em que o homem realiza ou trai sua humanidade. Trata-se, aqui, de amor, morte, trabalho, paternidade e maternidade.

* * *

"Pieśń o blasku wody" ("Canção sobre o cintilar da água"), poema composto em 1950, tem por conteúdo as experiências místicas. Os versos estruturam-se como uma conversa, cuja inspiração é preciso buscar no diálogo de Cristo com a Samaritana junto ao poço de Jacó (ver Jo 4, 1-26). Evidência disso, igualmente, é a citação do Evangelho de São João que serve de abertura à obra e os títulos de cada uma das canções: "Junto ao poço em Sicar", "As palavras da mulher no poço", "A Samaritana". O poema divide-se em oito canções de diferentes quantidades de versos, nas quais dialogam o Poeta, o Mestre e a Samaritana. Prestar homenagem à "Canção sobre o cintilar da água" é descobrir o escritor-místico.

Aludindo ao frequente simbolismo relacionado com a água na Bíblia, o autor do poema mostra o encontro de Jesus com um homem, que Nele reconhece Deus:

> Tremem em Ti tantas pessoas
> banhadas pelo cintilar de Tuas palavras —
> como a pupila se banha no cintilar da água...
> Pela fadiga as conheces, e também pela luz.[58]

58. K. Wojtyła, "Pieśń o blasku wody". *In*: *Poezje i dramaty*, *op. cit.*, p. 36.

Cristo é a fonte descoberta no poço, ou seja, Seu próprio coração, em que se refletem os rostos de tantas pessoas. Ele conhece todas, e Sua Palavra é luz para elas e dá-lhes sentido à vida.

Na reflexão junto ao poço de Jacó surge em primeiro lugar a mulher que conversou com Jesus. Graças a essa conversa ela pôde dirigir um novo olhar à história de sua vida: "A partir deste instante minha ignorância encerrou-se atrás de mim como a porta/ pela qual entraste — sabendo tudo o que desconheço [...]".[59] Seu olhar para o fundo de si própria ajudou muitas pessoas a aprofundar a verdade sobre cada uma delas. A mulher junto ao poço encoraja a vasculhar o próprio âmago. Torna a meditar sobre o que se passou com ela e enxerga cada vez melhor o papel que Jesus desempenhou em seu autoconhecimento.

Cristo proporciona que a mulher enxergue de uma nova maneira sua alma e todas as difíceis questões do destino humano. Ele conhece sem abrir os olhos:

> Possuía um espelho... como um poço... luzindo profundamente.
> Não precisava sair de si nem erguer os olhos para adivinhar.
> Contemplava-me em si mesmo. Tinha-me em si mesmo.
> Perpassou-me sem esforço.[60]

O olhar divino no fundo da alma frutifica em vergonha e desejo de mudança. Apesar da dor de conhecer sua fraqueza, a mulher não se sente humilhada. Compreende que o sofrimento resultante de conhecer a verdade sobre si só pode ser suportado graças ao amor. Segundo o poeta, por obra da presença de Deus todo sofrimento torna-se amor.

59. *Ibidem*, p. 37.
60. *Ibidem*, p. 37.

Para o eu lírico nos versos de Karol Wojtyła, a Samaritana é portanto uma testemunha do diálogo interior que se desenrola entre Cristo e cada ser humano junto "aos muros da noite". Todo ser humano, graças à Samaritana, tem a chance de seguir pelo mesmo caminho que ela e travar um profundo diálogo com Jesus, que revela a verdade sobre cada um:

> — Não andais sozinhos.
> Nunca, nem por um instante, meu vulto se aparta de vós,
> tornando-se continuamente em vós a verdade, a verdade
> e o profundíssimo dilaceramento de vossa viva onda.[61]

Cristo assegura que o homem nunca anda sozinho, que está com ele Seu rosto, marcado pelo sofrimento. Dá ânimo, assim, para que se tome Sua cruz.

O simbolismo do poço na obra é uma imagem do penetrante olhar da Samaritana no fundo da alma, onde descobre o reflexo de Cristo e o reflexo de si própria. Dessa descoberta decorre a experiência da presença e do elo interior, pelo qual o homem conhece e é conhecido: "Aquele poço uniu-me a Ti,/ aquele poço introduziu-me em Ti".[62] Nessa experiência de autoconhecimento a alma é elevada a uma nova vida. Já não se envergonha de seu passado, embebeda-se dessa nova vida: "Oh, como fui erguida!". O poeta explica que Cristo tirou dela o fardo da velha vida marcada pelo pecado infundindo na alma ordem e harmonia.

O encontro no poço em Sicar deu à Samaritana não somente autoconhecimento, mas também a libertação e a nova vida graças à qual redescobriu a si própria:

61. *Ibidem*, p. 38.
62. *Ibidem*, p. 38.

E bem no fundo, de onde vim tirar
apenas água em meu cântaro — há tanto tempo se achega
às pupilas esse cintilar... tanto, tanto conhecimento
encontrei —, quanto mais do que antes![63]

Grata pela dádiva de se conhecer, ela pede para que Deus permaneça com ela tal como no espelho da água.

As palavras "Feliz de mim!" concluem a "Canção sobre o cintilar da água", juntamente com o pedido para que Cristo, a quem a Samaritana descobriu em si mesma, fique para sempre em seu coração.[64]

* * *

Também deparamos com o sentido da experiência mística em outra obra de Karol Wojtyła, "Pieśń o Bogu ukrytym" ("Canção sobre o Deus absconso"). Ressoa aqui a lembrança de uma noite em um pequeno cômodo em Dębniki e a aurora do último dia do ano de 1938:

É o Amigo. Sempre voltas na lembrança
àquela manhã de inverno.
Já há tantos anos acreditavas, sabias com certeza,
e no entanto não te recobras do assombro.[65]

O Amigo é um mar de quietude, esperança, luz, que mora no fundo da alma do homem. O Amigo é Amor: "O amor esclareceu-me tudo,/ o amor resolveu tudo".[66]

63. *Ibidem*, p. 39.
64. *Ibidem*, p. 39.
65. K. Wojtyła, "Pieśń o Bogu ukrytym". *In*: *Poezje i dramaty*, *op. cit.*, p. 23.
66. *Ibidem*, p. 24.

Nas palavras de Agata Przybylska,

> "Canção sobre o Deus absconso" é uma "reportagem" poética cujo fio condutor não se compõe de fatos ou acontecimentos, mas de vivências do sujeito [...]. Lidamos na obra com uma experiência religiosa de natureza mística, porque o contato com Deus ali descrito possui um caráter simples e direto, engaja o homem inteiro — sua esfera emocional e a intelectual — e leva a uma transformação interior.[67]

O poema acha-se sob a influência da mística carmelitana. O trecho citado acima traz a imagem que preenche todo o segundo fragmento da obra; o autor prossegue:

> Inclinado sobre a lâmpada, no alto feixe de luz,
> sem erguer o rosto — pois para quê? —
> e já não sabes se lá, visto ao longe,
> ou se aqui, nas profundezas dos olhos cerrados.[68]

Trata-se de um relato retrospectivo, "uma mininarrativa que se inscreve nas convenções do solilóquio agostiniano (um diálogo do protagonista consigo mesmo) e cujo tema é o encontro do homem com o Amigo. Com Deus".[69]

O tempo e o espaço desse extraordinário acontecimento foram demarcados na obra com relativa concretude: a ação transcorre em uma "manhã de inverno", num cômodo com uma escrivaninha sobre a qual se encontra uma lâmpada acesa. Ficamos sabendo, além disso, que o herói da narrativa (*porte-parole* do narrador) acha-se em um estado de concentração e prece, de meditação, que,

67. A. Przybylska, *Samotność możliwa w człowieku. Mistyczny aspekt* Poezji i dramatów *Karola Wojtyły*. Cracóvia: Arcana, 2002, p. 70.
68. K. Wojtyła, "Pieśń o Bogu ukrytym", *op. cit.*, p. 23.
69. A. Przybylska, *op. cit.*, p. 91.

inesperadamente para ele, transforma-se em uma espécie de experiência mítica a somar fundamentos e força à sua fé ("Já há tantos anos acreditavas, sabias com certeza").

Às imagens do espaço físico são acrescentadas imagens do espaço espiritual — estas últimas decididamente predominantes, o que não estranha, visto que o drama do "encontro com o Amigo" ocorre no íntimo do herói. Os elementos definidores do espaço espiritual já não são objetos, mas sim estados de ânimo, tais como "admiração", "concentração", "temor e tremor", "alegria" e, por fim, "assombro que será todo o conteúdo da eternidade".

Vale a pena examinar mais de perto o estado de concentração do protagonista, expresso no poema pela metáfora das "profundezas dos olhos cerrados". O poeta cego é um dos *topoi* mais antigos da literatura europeia. Basta lembrar aqui Homero (do adjetivo grego *hómeros* = "cego") ou Demódoco, personagem por ele criada na *Odisseia* e incumbida de recordar na corte dos feácios as proezas heroicas de Odisseu. Na "Canção do Deus absconso", Wojtyła extrapola muito nitidamente essa convenção poética, seguindo a linha mais afim a seu espírito da poesia religiosa europeia dos séculos XVI e XVII, baseada em paradoxos e oxímoros. No fragmento analisado do poema, não se trata de uma "predição" exterior do futuro, de um prenúncio de eventos importantes que haveriam de afetar outras pessoas. Fala-se antes aqui de uma "clarividência" relativa a um ser humano em particular, que é um tipo de autoconhecimento descoberto pelo sujeito. Essa experiência é tão forte, porém, que se torna difícil exprimi-la. Como então entender a frase: "vê-se nas profundezas dos olhos cerrados"? Como é possível vislumbrar Aquele que "está ali", se "aqui não há nada" ("além do tremor"!); falar do que aconteceu "com palavras tomadas ao nada"? Em vez de uma descrição clara, temos uma sequência de imagens poéticas antinômicas, que vão revivendo no fluxo dos pensamentos, opalizando-se com uma semântica recôndita, não de todo apreensíveis e legíveis, esquivas a uma interpretação unívoca.

Wojtyła apresenta uma "situação de encontro" do homem com Deus, percebida como repentina, inesperada iniciação no plano da transcendência, que por um lado firma as bases de uma fé que já se possui e, por outro, representa uma guinada, pois de súbito se avistam, no momento do deslumbre místico, horizontes totalmente novos da própria existência. Defrontando-se com o Amigo, o herói do poema reconhece, repitamos, "uma partícula daquele assombro/ que será todo o conteúdo da eternidade". Ao mesmo tempo, ele toca o vivo Mistério do Outro por meio de uma visão espiritual *sui generis*. Experimenta "temor e tremor", mas também, e talvez sobretudo, a enorme alegria decorrente do fato de se encontrar com o Outro.

A descoberta da verdade sobre o Criador, que é não apenas onipresente e onipotente, mas um pai tão amoroso a cuidar do homem, representa o achado mais importante para o herói dos versos de Karol Wojtyła. Essa descoberta de um Deus próximo é para cada um de nós um acontecimento transformador, um verdadeiro recomeço. É a entrada, conforme uma metáfora do autor, no campo da "irradiação da paternidade".

Sob o impacto de sua extraordinária experiência, o protagonista da "Canção do Deus absconso" entrega-se a um encantamento amoroso com o mundo visível, que a partir de então se torna inteiro para ele "O jardim do Pai", onde "tudo é bom". Por isso profere as palavras da confissão que se pode tratar como lema de toda a obra poética de Karol Wojtyła. E *credo* de toda a sua vida, sacerdócio e apostolado:

O amor esclareceu-me tudo,
o amor resolveu tudo —
por isso adoro esse Amor,
onde quer que esteja.[70]

A consequência do "encontro com o Deus-Amigo" é o recôndito anseio — assim como no "Hino ao amor", de são Paulo — pela plenitude escatológica, quando enfim "veremos face a face":

Penso muitas vezes nesse dia de visão,
que será cheio de espanto
diante dessa simplicidade
em que o mundo está compreendido,
em que segue intocado
até aqui
— e para além daqui.

Então a simples necessidade torna-se um anseio cada vez maior
por aquele dia
em que tudo será abraçado pela imensa Simplicidade
em um amoroso alento.[71]

E ainda um aspecto, por fim, como que o coroamento da experiência mística consumada no convívio com Aquele que surgiu em uma manhã de inverno num claro feixe de luz a atravessar e transformar tudo — o anseio de "retorno à Quietude" que é sinônimo da realidade divina:

Porque és a Quietude mesma, o grande Silêncio,
liberta-me agora da voz
e toma-me tão-só como um frêmito de Teu Existir,
como um frêmito do vento nas espigas maduras.[72]

70. K. Wojtyła: "Pieśń o Bogu ukrytym", *op. cit.*, p. 24.
71. *Ibidem*, p. 28.
72. *Ibidem*, p. 29.

Essas palavras têm um caráter simbólico, elas soam como uma prece. O significado e a força do comovente apelo, em que o jovem poeta implora a Deus que lhe permita calar, que o liberte do fardo da fala — essas "palavras tomadas ao nada" —, o leitor entenderá somente no dia 2 de abril de 2005, acompanhando Karol Wojtyła no *mysterium* de sua passagem da vida terrena para a morada do Pai...

5. A morte

Pois passa-se da vida para a morte —
Tais são a experiência e a evidência.
Atravessar a morte rumo à vida é o mistério.[73]

"Rozważanie o śmierci" ("Consideração sobre a morte") é a última obra publicada por Karol Wojtyła antes da eleição para a Santa Sé. Veio a lume no terceiro número do mensário *Znak*, em 1975, sob o pseudônimo de Stanisław Andrzej Gruda. O poeta faz frente aqui ao importante problema existencial que é a morte. Encara-o do ponto de vista de um homem comum e do sacerdote-pastor, que se coloca diante do fato da morte no contexto da fé no Cristo crucificado e ressuscitado.

Toda a estrutura do poema foi fundada no paradoxo. O tema do morrer-ressuscitar e o *topos* da morte que conduz à vida contam-se entre os maiores paradoxos do cristianismo. Em Wojtyła abundam as figuras semânticas baseadas no princípio da antítese:

73. K. Wojtyła "Rozważanie o śmierci". *In*: *Poezje i dramaty*, *op. cit.*, p. 83.

"o curso do passar é também o curso do transpassar", "o mundo que morre descortina de novo sua vida", "o corpo da minha alma e a alma do meu corpo reúnem-se de novo". Ao longo da obra as palavras são combinadas em pares contrapostos semanticamente, mas dialeticamente conjugados: palavra-silêncio, corpo-sobrevivência, morte-esperança. Os recursos estilísticos vão criando, em uma dinâmica de muitos níveis, o sentido geral de um poema-meditação, desdobrado em cogitações filosóficas.

O texto compõe-se de quatro partes que abordam distintos aspectos da morte. Na primeira, intitulada "Pensamentos sobre a maturação", o poeta oferece uma descrição existencial do morrer como processo de amadurecimento para o encontro final com Deus. Essa maturação é uma "descida ao cerne oculto", descida acompanhada pelo processo de definhamento: "aquietam-se as células em que a sensibilidade ainda desperta,/ e o corpo em toda a sua plenitude alcança as margens do outono [...]".[74] A aproximação da morte é denominada pelo poeta um "avizinhar-se da superfície" mais e mais rente ao fundo, um "mergulho nas profundezas". Nessa etapa de definhamento do corpo, a alma "opõe-se à morte" e busca mais resolutamente a ressurreição — amadurece para os "difíceis encontros".

Aproximar-se da morte, conforme o poeta, é aproximar-se do fim e do começo simultaneamente, pois "o termo do cultivo já se contém em seu início". A morte, então, é volta ao princípio. A vizinhança do "dia derradeiro" é acompanhada pelo "temor", que pode ser vivido como medo ou como um "começo de sabedoria". O temor não é fuga quando a passagem se consuma no amor:

74. *Ibidem*, p. 81.

Penetramos esse espaço,
partimos desse começo
e assim retornamos, vagarosamente:
pois a maturidade está no amor
que transforma o medo.[75]

Somente o amor é chance de maturação em paz para o encontro final. Ainda que o poeta veja o temor e o amor como duas forças contrapostas, que vão colidir uma contra a outra no momento da morte. O temor é uma forma de defesa contra a morte e, ao mesmo tempo, uma tentativa de retorno à existência, ao ser com que o homem se acostumou em sua vida. Entretanto, surge o amor, que atrai o homem para o lado de Deus, no qual "a existência encontra todo o seu futuro".[76] O ser humano fica suspenso entre o passado e o futuro: "Quando nos achamos às margens do outono,/ o temor e o amor explodem em anseios contrapostos".[77]

Na segunda parte da obra, procurando resposta para a dramática pergunta sobre a morte, o autor defronta-se com o Mistério Pascal. O poeta afirma que no mistério da Páscoa o homem, unido a Cristo, atravessa o abismo da morte para que então, pela completa perda de si e pelo retorno à Terra, reencontre aquela plenitude que só algumas vezes lhe foi dado sentir e que ontologicamente sempre esteve nos fundamentos de sua existência. Essa forma de experiência da morte leva a uma plena tomada de posse dos componentes da própria vida, que já não são apenas uma fieira de acasos e não pertencem mais exclusivamente à Terra, porque a Terra inteira é um corpo transformado na ressurreição:

75. *Ibidem*, p. 81-82.
76. *Ibidem*, p. 82.
77. *Ibidem*, p. 82.

> Neste espaço, na dimensão mais plena do mundo,
> TU ÉS
> e então tenho sentido e minha queda no túmulo
> e minha passagem para a morte —
> e a dissolução que me torna pó de insubstituíveis átomos —
> é partícula da Tua Páscoa.[78]

O sujeito de enunciação do monólogo no texto de Wojtyła afirma primeiramente que não se pode deter a finitude:

> Não deténs as correntezas da finitude. São muitas,
> fluem em torno, criam um campo em que vais passando sozinho,
> conformado, porque algo cresce, todavia,
> porque o mundo medra ao redor.[79]

A morte é um fato evidente. Observando a finitude do mundo, o homem acostuma-se com a necessidade da morte. No entanto, o homem procura esperança:

> [...] tu mesmo hás de quedar-te, sabes
> com toda a certeza,
> e em pó hás de fazer-te, sabes
> com toda a certeza —
> existes ininterruptamente para a morte, existindo para o futuro,
> ininterruptamente ela adentra em teu curso.[80]

Perante a necessidade da morte, o autor pergunta: ela pode salvar o homem da necessidade da finitude? O ser humano encontra a resposta no Mistério Pascal, que paradoxalmente leva da morte à vida. A experiência demonstra que o homem passa da vida para a morte:

78. *Ibidem*, p. 96.
79. *Ibidem*, p. 82.
80. *Ibidem*, p. 82.

Mysterium paschale —
mistério da Passagem
no qual é invertida a ordem da finitude,
em que se passa da vida para a morte.[81]

Stanisław Andrzej Gruda, o pseudônimo com que Wojtyła assinou o poema, observa adiante que Cristo inverteu essa ordem em sua Morte e Ressurreição. O momento da "passagem", porém, continua sendo um mistério, confirmado por Cristo e por todos aqueles que experimentaram a morte. Sua única prova é a Eucaristia, a Lembrança da Passagem. No Mistério Pascal o poeta repete como um refrão as palavras: "Não deténs as correntezas da finitude",[82] sublinhando a inevitabilidade do processo. No imperativo de definhar, contudo, está inscrito um crescimento, pois a morte leva à vida.

Só a Páscoa assinala um ponto de inflexão em todo o processo da finitude. O autor vê aqui certo paralelo com os pastores que foram a Belém para confirmar a vinda ao mundo do Filho de Deus. De modo semelhante, os apóstolos seguiram do sepulcro pelo vale do Cedrom e o Jardim das Oliveiras até o Monte, como que percorrendo as sucessivas estações do Calvário que levou à Morte. Todos esses lugares são para Wojtyła testemunhos da veracidade da "passagem" de Cristo. Eles ajudam o homem a descobrir em si próprio o espaço espiritual para sua passagem.

Na terceira parte do poema, o autor retorna ao medo originário que está ligado à existência do homem. Ele surge no princípio e cresce com o tempo de maturação para a morte. Mas o ser humano traz consigo uma expectativa cheia de esperança:

81. *Ibidem*, p. 82.
82. *Ibidem*, p. 82.

Deslizando na morte, descortino a expectativa
e os olhos fixos em um só lugar
e uma só ressurreição,
baixo a tampa do ataúde do corpo, entretanto, e confio à Terra
o axioma de sua dissolução.[83]

O sujeito poético opõe ao imperativo da finitude a fé em Cristo, que cruzou os portões da morte. Só Cristo "pode tomar nossos corpos de volta da Terra". A fé nele depositada torna-se uma chance de vencer o medo da morte. "Consideração sobre a morte" termina com uma prece que pede fé a Deus, a fé que permitiria sobrepujar o medo sentido pelo corpo e aceitar com coragem o mistério da morte. É uma prece, ao mesmo tempo, por forças para o espírito que experimenta seus próprios receios diante do conhecimento de Deus.

Na quarta parte da obra, "A esperança que vai além do fim", o autor volta-se para aquela que é a adversária da morte, que permite esperar com sossego pelo fim e confere sentido aos esforços cotidianos. A esperança é como um raio de luz que sai do sepulcro vazio de Cristo e é como "o espaço de um grande mistério". Nessa realidade surge Cristo, que dá sentido à transitoriedade do corpo e à morte; retomando a citação feita anteriormente: "Neste espaço, na dimensão mais plena do mundo,/ TU ÉS/ e então tenho sentido e minha queda no túmulo/ e minha passagem para a morte —/ e a dissolução que me torna pó de insubstituíveis átomos —/ é partícula da Tua Páscoa".[84]

O poeta observa a realidade que o circunda. Experimentando a transitoriedade do mundo, tenta distinguir a Face de Cristo, por

83. *Ibidem*, p. 83.
84. *Ibidem*, p. 84.

meio do qual recuperará a esperança. Num mundo de finitude e dissolução, a esperança permite a Wojtyła que se furte à aniquilação. Nenhuma experiência, nenhum saber humano pode confirmar a esperança. Ela é construída na Ressurreição:

> [...] e bato-me com tantas pessoas pela minha esperança —
> nenhuma jazida de minha memória apenas
> confirma em mim minha esperança,
> nada reflete esperança no espelho da finitude,
> só Tua Passagem Pascal.[85]

A esperança arranca o eu do poeta dos braços da morte e da finitude. Dia a dia ele ampara seu medo na Palavra e esquece a dor da transitoriedade e das incertezas do destino. O poeta experimenta o poder do Espírito Santo, que o abre para a ação da Páscoa.

"Consideração sobre a morte" foi para o autor um modo de expressar a fé na vida eterna, em Deus, e, simultaneamente, um testemunho da busca pessoal de resposta para o drama da morte na vida do homem.

85. *Ibidem*, p. 85.

Capítulo IV. A dramaturgia do íntimo de Karol Wojtyła

1. Algumas observações sobre a obra dramática wojtyliana

O momento inaugural da trajetória de Karol Wojtyła como escritor dá-se no terreno da dramaturgia. Ele é autor de seis peças teatrais, aí incluída *Dawid* (*Davi*), obra perdida da qual temos notícia em uma carta do autor a Mieczysław Kotlarczyk.[86] As obras restantes são: *Hiob* (*Jó*; 1940), *Jeremiasz* (*Jeremias*; 1940), *Brat naszego Boga* (*O irmão de nosso Deus*; 1944-1950), *Przed sklepem jubilera* (*Diante do ourives*; 1960) e *Promieniowanie ojcostwa* (*A irradiação da paternidade*; 1964).

A dramaturgia de Wojtyła tem como que duas fontes paralelas. De um lado, uma fonte literária, ou seja, a literatura romântica

86. Carta de 28/XII/1939. *In*: M. Kotlarczyk, K. Wojtyła, *O Teatrze Rapsodycznym. 60-lecie powstania Teatru Rapsodycznego*; wstęp i oprac. J. Popiel; wybor tekstów T. Malak e J. Popiel. Cracóvia: PWST, 2001, p. 312.

polonesa, em especial as obras dramáticas de Adam Mickiewicz, Zygmunt Krasiński e Juliusz Słowacki, e também a literatura da Jovem Polônia (virada dos séculos XIX e XX), particularmente as criações de Stanisław Wyspiański: "A fonte literária frutifica, antes de mais nada, no impulso de universalização, poetização e subjetivação, daí parecer justificado atribuir às peças em exame a denominação de 'dramas do íntimo'".[87] De outro lado, porém, temos uma fonte teatral, a ligação de Wojtyła com as atividades, já mencionadas neste livro, do Teatro Rapsódico de Mieczysław Kotlarczyk:

> A fonte teatral resulta no alto-relevo da palavra e no assim chamado intelectualismo rapsódico, a preferência que se concede às ideias, ao pensamento, não ao esqueleto da ação. Em consequência da supremacia da palavra, essas obras frequentemente recebem as denominações de "peças-conversação", "peças para vozes", "círculos de monólogos".[88]

O interesse pela obra literária de Wojtyła, de maneira geral, e por sua dramaturgia aumentou apenas após ele ter sido eleito para ocupar o trono de são Pedro. Antes, o próprio autor mantinha certa distância de seus textos, o que é evidenciado pelo fato de que não cuidou de divulgá-los. *O irmão de nosso Deus* e *A irradiação da paternidade* foram publicados relativamente tarde, já em 1979, portanto após o conclave que elegeu Karol Wojtyła como pontífice.

A recepção dos dramas do autor, no entanto, evoluiu de forma distinta da de suas obras poéticas:

87. J. Ciechowicz, "Światopogląd teatralny Karola Wojtyły", *Dialog*, 1981, nº 10, p. 116. A definição "dramas do íntimo" é utilizada em relação às peças de Wojtyła por Ciechowicz e B. Taborski (*Karola Wojtyły dramaturgia wnętrza*, Lublin: Redakcja Wydawnictw KUL, 1989), entre outros.
88. J. Ciechowicz, *op. cit.*, p. 120.

> As reações dadas a público por escrito foram suscitadas não só pela publicação dos textos, mas em igual medida por espetáculos nos palcos tradicionais e por apresentações no rádio e na televisão. Além disso, Karol Wojtyła escreveu alguns artigos de teoria teatral que tiveram influência na compreensão de sua dramaturgia e vieram a tornar-se eles mesmos objeto de estudo e de interpretação.[89]

A estreia de *O irmão de nosso Deus* em 13 de dezembro de 1980 no Teatro Juliusz Słowacki, em Cracóvia, provocou uma onda de discussões e ponderações sobre a dramaturgia de Wojtyła. Na esteira do espetáculo em Cracóvia multiplicaram-se as apreciações críticas e os ensaios literários, comentando tanto a apresentação quanto a obra dramática do Papa.

Os primeiros comentaristas poloneses da dramaturgia de Karol Wojtyła não conheciam a totalidade da produção do autor nesse campo. Só a publicação do volume *Poezje i dramaty* (*Poesia e dramas*), aos cuidados de Jan Okón, Marek Skwarnicki e Jerzy Turowicz, permitiu uma recepção intensificada das obras em tela.

A primeira crítica de importância do ponto de vista desse processo foi assinada pelo crítico de teatro Zygmunt Greń. Ele afirmou:

> Não se deu o devido valor a ninguém que haja dito e mostrado em sua criação que o principal elemento do drama e do teatro é a palavra! A palavra significativa, ademais. Há quase um século veio ganhando vulto no teatro uma tendência inteiramente oposta, e há mais de vinte anos ela conseguiu impor-se quase de todo ao espírito e às concepções dos artistas. Poucos insurgiram-se contra ela. E justamente agora eles recebem o auxílio e o socorro há muito esperados. E não apenas na forma do volume em questão.[90]

89. K. Dybciak, *Karol Wojtyła a literatura, op. cit.*, p. 103.
90. Z. Greń, "Powołanie", *apud* K. Dybciak, *Karol Wojtyła a literatura. Op. cit.*, p. 104.

Outra publicação importante demonstrando o valor literário das peças teatrais de Wojtyła foi o ensaio de Bolesław Taborski, pesquisador e crítico de teatro, poeta e tradutor então residente em Londres como imigrante, no *Tygodnik Powszechny* em 1981. Taborski fez uma avaliação muito interessante: "O cuidado com sua 'fortuna literária', contudo, não é uma característica do autor. Como poeta, publicou muito pouco e raras vezes, como dramaturgo não propôs aos teatros as suas obras, publicou uma [...]"; a despeito disso, prossegue Taborki, "revela-se um dos mais notáveis poetas religiosos em nossa literatura e também um interessante dramaturgo, com uma concepção original de teatro. Não é o primeiro caso entre nós de descoberta tardia de um escritor notável".[91]

Janusz Pasierb (professor da universidade em que estudou a autora deste livro), por sua vez, escreveu sobre a dramaturgia wojtyliana:

> Ela é mickiewicziana, polonesa, eslava e — nessa ótica — romântica [...]. Admirados observamos com quanta inventividade e consistência o autor tão jovem à época [...] arcaíza a linguagem, como imerge nas profundezas da história da língua, como exibe seu amor pelo idioma pátrio.[92]

Observações penetrantes sobre as ligações entre os escritos dramáticos de Wojtyła e a literatura romântica também foram dadas à estampa por Jarosław Maciejewski, estudioso já referido anteriormente. Ele comentou:

> *Jó* e *Jeremias* são obras pertencentes ao filão expressionista do drama polonês e aos influxos pós-simbolistas de recuo ante as tentações do

91. B. Taborski, "Kardynal Wojtyła — poeta dramaturg". *In*: *Tygodnik Powszechny*, nº 1, 1981, p. 10.
92. J. Pasierb, "O *Bracie naszego Boga*", *Communio*, nº 1, 1981, p. 8.

esteticismo. Percebem-se ali sugestões da filosofia da história e das concepções cenográficas de Wyspiański (*Akropolis*), a influência da retórica de associações emocionais dos hinos de Kasprowicz e estilizações do polonês antigo e da cultura popular, assim como em Zegadłowicz. São nítidos, outrossim, os vestígios de Słowacki e de sua visão dos dilemas da história polonesa.[93]

Maciejewski afirmou ainda:

> *O irmão de nosso Deus* — a exemplo do drama romântico polonês: *Dziady* (*Os antepassados*), *Kordian*, *Nie-Boska Komedia* (*Não-Divina comédia*) — é uma obra que se concentra na figura do protagonista e na transformação, na decisiva transformação de sua atitude perante Deus, a nação, o ser humano. Todas as cenas, não raro grandes cenas coletivas, servem tanto naquelas obras quanto na peça de Wojtyła ao aprofundamento e à elucidação dos dilemas íntimos do herói.[94]

Inspirações norwidianas são detectadas em *Diante do ourives*:

> Também nesta obra se aborda uma tácita problemática norwidiana — a questão do amor desperdiçado e espezinhado; problemática focada em torno da reflexão sobre o tema do papel essencial da delicadeza de sentimentos e da correspondência mútua dos corações nos vínculos matrimoniais. Mesmo o simbolismo do anel de noivado na obra remete ao papel que o motivo desempenha em Norwid (*Pierscień wielkiej damy* / *O anel da grande dama*, *Miłość-czysta u kąpieli morskich* / *Puro-amor em banhos de mar*).[95]

Sobre os dramas wojtylianos escreveu ainda Stefan Sawicki. Esse teórico e historiador da literatura sustentou a tese da coesão das três últimas peças de Karol Wojtyła, denominando-as uma "trilogia". De fato, lidamos aqui com uma "trilogia dramática", mais

93. J. Maciejewski, "Karol Wojtyła i Jan Paweł II wobec literatury", *apud* K. Dybciak, *Karol Wojtyła a literatura*. *Op. cit.*, p. 113.
94. *Ibidem*.
95. *Ibidem*, p. 114.

até, com uma trilogia antropológica do autor. *O irmão de nosso Deus*, *Diante do ourives* e *A irradiação da paternidade*, afirma também Zbigniew Władysław Solski, "dispõem-se em um tríptico peculiar, cujos sucessivos elos foram subordinados pelo autor a uma ideia formulada nas primeiras palavras do ciclo: isto será uma tentativa de desvelar um homem".[96]

A coesão artística e o conteúdo antropológico das peças mostram-se particularmente no desenvolvimento da personagem de Adam, que aparece nas três obras:

> Do Adam Chmielowski concreto como *O irmão de nosso Deus*, passando pelo Adam de *Diante do ourives*, um desconhecido moralista [...], até o Adam do *mysterium* de *A irradiação da paternidade*, concebido como Cada Um, "cada um e eterno", o ser humano em geral, que experimenta a realidade da paternidade divina.[97]

Tratando do dramaturgo Karol Wojtyła é difícil não se reportar aos trabalhos do já mencionado Bolesław Taborski, que atuou igualmente como jornalista na BBC. Em *A dramaturgia do íntimo de Karol Wojtyła*, livro editado pela Universidade Católica de Lublin, o crítico afirma:

> Esta é uma dramaturgia que se afasta de nossos hábitos e gostos teatrais; é difícil, complexa, não convencional e — o que talvez espante mais — experimental. Em tempos de um teatro aberto a quaisquer impressões, sensações e excessos superficiais, epidérmicos, esta é uma dramaturgia que vai ao âmago do homem e muitas vezes

96. Z. W. Solski, "Ojcostwo i tożsamość". *In*: Z. Zarębianka i J. Machnik, *Przestrzeń Słowa. Tworczość literacka Karola Wojtyły — Jana Pawła II*. Cracóvia: Wydawnictwo Św. Stanisława BM, 2006, p. 430.
97. J. Ciechowicz, "Z Wadowic w świat. Karol Wojtyła i teatr". *In*: Z. Zarębianka i J. Machniak, *op. cit.*, p. 365.

> se desenrola em seu íntimo, empregando para tanto meios formais complicados, mas extremamente interessantes.[98]

Taborski analisa as peças de Wojtyła em ordem cronológica, desde a primeira delas, composta em 1939, até a última, surgida em 1964. Tenta demonstrar em seu livro que lidamos no caso com "uma forma moderna do mistério teatral". A respeito de *Jeremias*, comenta:

> esta que é a mais polonesa das peças de Karol Wojtyła possui valores não menos universais do que as restantes [...]. Não há muitas peças modernas que se prestem tão idealmente a apresentações em uma igreja e que tirem tal proveito de sequências litúrgicas. Escrevendo seu drama o autor provavelmente desconhecia o *Assassinato na catedral* de Eliot [...] na catedral de Wyspiański (em *Akropolis*) não se celebra um rito religioso. Para Wojtyła, entretanto, o *sacrum* é uma questão de relevância primordial.[99]

Sem dúvida valiosas, além disso, são as considerações de Taborski sobre a discrição do dramaturgo na expressão de conteúdos religiosos:

> Muito raramente em suas peças, como de resto também na poesia, ele chama Deus pelo nome ou se refere de forma direta a Ele. Sua presença é perceptível, mas não se impõe [...] O Ourives pode significar a voz da consciência. A consciência é algo humano (ou seja, que deveria estar presente no homem), bem como um dom de Deus. Não há portanto contradição entre os atributos divinos e humanos do Ourives.[100]

De fato, os dramas de Karol Wojtyła são uma tentativa de buscar Deus e de experimentar Sua presença na vida cotidiana. Ao mesmo tempo, são uma tentativa de mostrar o homem nas diversas

98. B. Taborski, *Karola Wojtyły Dramaturgia wnętrza, op. cit.*, p. 117.
99. *Ibidem.*
100. *Ibidem.*

situações da vida em que ele faz frente às adversidades do destino e ao sofrimento (*Jó*, *Jeremias*). Ora obrigam a refletir sobre o amor humano e o sacramento do matrimônio como em *Diante do ourives*, ora abordam o mistério da paternidade e apontam a missão do pai na família como em *A irradiação da paternidade*.

As peças do autor descortinam à nossa frente não apenas os segredos da alma do poeta, como também seus entusiasmos e suas inquietudes. O dramaturgo tenta capturar o imperceptível no mistério eternamente renovado da vida. Suas obras oferecem uma chave para a compreensão do Papa polonês e ajudam também a entender a si próprio, o próprio destino, a essência do amor, das relações com os outros e da relação pessoal com Deus, Criador e Redentor.

2. *Jó* e *Jeremias*

O drama *Jó* pertence às obras da juventude do estudante de filologia polonesa da Universidade Jagielloński. Karol Wojtyła escreveu-o na Quaresma de 1940 em Cracóvia, pouco tempo depois da derrota da Polônia, que sucumbiu em setembro de 1939, em luta desigual, a poderosos totalitarismos: o nazista, do III Reich comandado por Hitler, e o da União Soviética, sob a liderança de Stalin.

Em seu todo, essa peça extraordinária compõe-se da conhecida história do Jó bíblico, que mergulha em desgraça e dor, e da história da nação polonesa submetida à prova da crueldade da guerra e de uma imensidão de sofrimento. Krzysztof Dybciak comentou a questão como segue:

> A multiplicidade de planos temporais não se esgota na intersecção da antiguidade (judaica e helênica) e do tempo evangélico. Comparece ainda a perspectiva da contemporaneidade do autor, ou seja, a época da Segunda Guerra Mundial. Isso é indicado indiretamente pelo tema e pela construção da realidade apresentada, análoga à trágica realidade dos tempos do conflito.[101]

Na narrativa bíblica de *Jó* ocupa o primeiro plano um homem justo e bom. O surpreendente, porém, é que no drama de Wojtyła não ouvimos da boca de Jó uma súplica para que seja restituído a seu antigo estado. Ele não deseja recuperar os bens materiais que perdeu; deseja apenas recuperar sua relação com Deus. O lamento de Jó decorre, então, do amor a Deus, e ao mesmo tempo do anseio do ser humano por seu Criador.

Em carta a seu professor, o diretor teatral Mieczysław Kotlarczyk, Wojtyła escreveu: "Ele (*Jó*) é grego na forma, cristão no espírito e eterno no conteúdo, assim como todo drama".[102] Embora a obra espelhe fielmente os acontecimentos do livro veterotestamentário, introduzem-se alguns elementos novos, ausentes no original bíblico. Às personagens que constam do relato na Bíblia, tais como Eliú, Jó, a mulher de Jó, Elifaz de Temã, o autor acrescentou um coro, quatro outras personagens: um Servo, um Pastor, Juhas, um Cavalariço, e *Prólogos/Epílogos*, que figuram no drama apenas como vozes reportando desgraças. Também definiu o tempo da ação, demarcando três níveis: o passado — "a ação transcorreu no Antigo Testamento — antes da vinda de Cristo";[103] o presente — "a ação transcorre nos dias de hoje deste tempo de Jó — da Polônia e do mundo";[104] o

101. K. Dybciak, *Karol Wojtyła a literatura, op. cit.*, p. 85.
102. Carta de Karol Wojtyła a Zofia e Mieczysław Kotlarczyk, sem data (Páscoa de 1940). *In*: *O Teatrze Rapsodycznym, op. cit.*, p. 314.
103. K. Wojtyła, *Hiob, drama ze Starego Testamentu*. In: *Poezje i dramaty, op. cit.*, p. 179-245.
104. *Ibidem*, p. 179-245.

futuro — "a ação transcorre em tempo de expectativa, de súplica pelo juízo, tempo de anseio pelo testamento de Cristo, lavrado em meio aos sofrimentos da Polônia e do mundo".[105] Wojtyła pôs ênfase particular no drama íntimo de Jó, que sofre sem culpa. Deu também maior destaque do que no texto bíblico à personagem da mulher de Jó, que submete a fé do esposo à prova.

Marek Skwarnicki, autor do prefácio à primeira edição conjunta da poesia e das peças de Wojtyła, assim se manifestou ali sobre *Jó*:

> A escolha dessa personagem exatamente como "herói" do drama rapsódico com certeza não foi casual em período de sofrimentos nacionais e individuais que de súbito se abateram sobre os poloneses, mergulhando-os em uma situação comparável na verdade com a de Jó. O drama do jovem Wojtyła é uma tentativa de perscrutar o mistério do sofrimento, coroada pela visão "romântica" de um Jó que no fundo de sua miséria e privação enxerga repentinamente Cristo, compreende o sentido libertador de Sua cruz, descobre o sentido do sacrifício.[106]

O sofrimento, conforme o enfoque de Karol Wojtyła, não é um desígnio de Deus, mas foi permitido por Ele como consequência do livre-arbítrio do homem. Mesmo que seja um mal que destrói o homem, graças à união com Cristo e Seu sacrifício na cruz o sofrimento pode tornar-se um meio, que transforma o ser humano e lhe permite participar da glória de Jesus. Deus, assim, está presente no sofrimento. Entretanto, Ele não deixa o homem na solidão, mas oferece-lhe Seu Filho Unigênito. A fé, justamente, auxilia a aceitar o sofrimento com Cristo e juntar-se à obra da salvação.

105. *Ibidem*, p. 179-245.
106. M. Skwarnicki, "Wstęp". *In*: K. Wojtyła, *Poezje i dramaty*, *op. cit.*, p. 6-7.

É interessante que na peça Deus nunca apareça e que suas intervenções no relato bíblico sejam proferidas por Eliú (ver Jó 39-41). Esta personagem está presente desde o início da ação como testemunha de todas as falas de Jó aos amigos. Eliú repreende os demais, adora Deus e Sua justiça e prepara o surgimento do Filho do Homem. Sua tarefa, de acordo com as Santas Escrituras, é a preparação do caminho para o Senhor. Eliú não consola Jó, mas prediz em uma visão os sofrimentos do Servo de Javé — o futuro Messias.

O drama *Jó* não constitui somente uma reflexão sobre o sentido do sofrimento, manifesto em Cristo. Ele é também consolo para uma nação que sofre, que em tempo de guerra busca apoio em Deus. Nas palavras do Epílogos, Wojtyła afirma que só graças a Cristo o sofrimento torna-se caminho de libertação e de salvação:

> [...] e enviou o Filho Seu —
> e firmou o Filho de Deus
> sua Aliança Nova,
> de sacrifício, de martírio e sofrimento.
> Eis o sofrimento que firma —
> eis o sofrimento que transforma,
> que forja no coração a Nova Aliança [...].[107]

Como repara corretamente Krzysztof Dybciak, em *Jó*

> chama a atenção a habilidosa estilização, a capacidade de entender distintos mundos psíquicos e a destreza no uso de muitas linguagens. É uma característica importante para toda a obra literária e talvez ainda mais importante para a atividade pastoral e apostólica do futuro bispo de Cracóvia e de Roma.[108]

107. K. Wojtyła, *Hiob*, *op. cit.*, p. 244.
108. K. Dybciak, *op. cit.*, p. 86.

Impressiona ao mesmo tempo na obra a profundidade das ideias do jovem autor, então com 24 anos, a procurar na Palavra de Deus a compreensão de seu sofrimento e, além disso, esperança para o futuro. Passou assim do plano dos sofrimentos de Jó a Cristo, para voltar-se a seus contemporâneos com uma palavra de consolo e conforto.

De fato, mostrando a história de Jó, Wojtyła procurou mostrar a vida do homem e sua relação com o Criador. E, concretamente, o momento de abertura do homem para Deus, que se realiza de maneira mais plena no sofrimento do primeiro. Wojtyła demonstra que só pela perda de tudo na vida, pela destruição da segura imagem do mundo até certo ponto acalentada, o ser humano, assim como Jó, pode ouvir a voz de Deus.

* * *

Jeremias, o outro drama em questão aqui, "surgiu de um golpe durante a leitura da profecia de Jeremias",[109] também no ano de 1940.

Os heróis da peças são o jesuíta Piotr Skarga, escritor e o maior orador sacro polonês, morto em 1612, e o *hetman** Stanisław Żółkiewski, que, entre outros, derrotou os exércitos russos na grande batalha de Kłuszyn em 1610, conquistou Moscou e levou à coroação do príncipe Wladysław Waza como tzar, augurando uma união religiosa entre o catolicismo e o rito ortodoxo das terras eslavas orientais. Em Wojtyła, Skarga figura no papel de um sacer-

109. Carta de Karol Wojtyła a Mieczysław Kotlarczyk, abril/verão de 1940. *In*: *O Teatrze Rapsodycznym*, *op. cit.*, p. 318-319.
* *Hetman*: comandante em chefe de exército(s). [N.T.]

dote virtuoso que desperta a consciência, e Żółkiewski no papel de um soldado devoto, que morre em defesa da pátria.

O tema-chave em *Jeremias* é o entendimento da verdade. Esta é percebida como uma vida boa, normas corretas de conduta, ação em conformidade com a fé e obediência à voz de Deus. Falamos aqui de uma concepção moral:

> O padre Skarga atua aqui como guardião de uma verdade objetiva, isto é, supraindividual. E, ademais, independente dos desejos e aspirações humanos. Independente de ações particulares, não obstante dependa das ações de todos. O profeta vê os eventos futuros — o profeta da Polônia seiscentista vê as desgraças iminentes e a queda da pátria no século seguinte. Empregando uma terminologia moderna, pode-se dizer que ele é um catastrofista, pois não apenas supõe, mas sabe da devastação que há de vir. Esta, justamente, é a verdade.[110]

Decerto, como afirma ainda Krzysztof Dybciak,

> é uma obra estilisticamente mais cuidada que a anterior [*Jó*], na qual incomodava uma arcaização excessiva, nas didascálias até algo cômica (decerto compreensível influência, em um estudante de filologia polonesa, da leitura de escritores decadentistas e, sobretudo, de Wyspiański, grande dramaturgo e reformador do teatro, que se comprazia em abundantes didascálias). Após a leitura de *Jeremias* não resta dúvida de que o dramaturgo é dotado de talento poético, pois exibe um significativo labor de linguagem.[111]

A ação do drama desenvolve-se em dois planos: o real, situado na Quaresma de 1620, e o visionário, que se estende na época do profeta veterotestamentário Jeremias. O autor introduz os espectadores no curso dos eventos que ocorreram no reinado de

110. K. Dybciak, *Karol Wojtyła a literatura, op. cit.* p. 87-88.
111. K. Dybciak, *ibidem*, p. 87.

Jeoaquim até a condução dos israelitas ao cativeiro babilônico (em 605 a.C.). O profeta Jeremias recebeu de Deus uma tarefa difícil, porque foi incumbido de alertar para o perigo que ameaça a nação de Israel:

> Põe-Te à porta do Senhor em Jerusalém,
> põe-Te à porta da casa de Deus —
> põe-Te perante o rei Jeoaquim,
> profere a palavra e diz [...][112]

Diante da infelicidade, o poeta clamava à conversão, ao fim do roubo, do adultério e dos assassinatos, e acima de tudo advertia do sacrifício aos ídolos pagãos. O rei e sua corte, contudo, não escutaram o profeta. Ao contrário, acusaram-no de ofensa ao soberano e a toda a nação.

O primeiro ato de *Jeremias* passa-se "à porta da casa do senhor", uma pequena capela na qual dois anjos introduzem em cena Frei Piotr — o padre Piotr Skarga. Os anjos trazem-lhe a mensagem de Deus clamando para que se torne um Jeremias para seus contemporâneos: "I. A Tua boca o Senhor o confiou — Tu és a consciência./ II. Abala-os, bem que seja duro o abalo".[113] No diálogo com os Anjos, Frei Piotr lamenta que a consciência de seus ouvintes seja empedernida e que palavra alguma possa demovê-la. Cai diante da cruz e pede a Deus a força do Espírito Santo para que consiga cumprir sua missão de profeta — conclamar o povo à conversão e à mudança dos corações. Nesse momento é envolvido por uma visão em que tomam parte "figuras das profecias de Jeremias".

112. K. Wojtyła, *Jeremiasz*. *In*: *Poezje i dramaty*, *op. cit.*, p. 252.
113. *Ibidem*, p. 249.

Na cena da conversa com o rei, Jeremias aponta para uma corda em torno do pescoço — símbolo do cativeiro que aguarda a nação por sua infidelidade a Deus. E profere um discurso cheio de advertências e ameaças:

> Se não vos converterdes,
> ó Jerusalém! Jerusalém!
> Em meio à fumaça ele virá, e ao incêndio!
> Em meio à fumaça virá o inimigo! — Eu vejo![114]

A visão da ruína conclui a cena com Jeremias, e a ação do drama passa a outro plano, sinalizado inicialmente, em que o lugar principal é ocupado por Frei Piotr. Tal como o profeta no Antigo Testamento, Piotr Skarga reza a Deus pedindo que afaste a derrota a ameaçar a Polônia. Ele vê claramente as desgraças da guerra abatendo-se sobre o país, a destruição e o sofrimento de inocentes. Perguntando a Deus sobre a causa do sofrimento, ele mesmo deseja sacrificar-se em combate pela nação:

> Por que me puseste ao lado de Jeremias
> em minha nação, em Jerusalém —?
> Por que me deste opróbrio em minha visão —?
> Já não aceitas as chamas da imolação —?!
> Imolação nas chamas eu sou —[115]

A ação do segundo ato transcorre em uma igreja na qual Frei Piotr discursa do púlpito aos fiéis. Ali, em clarividência profética, Piotr Skarga culpa o desgoverno, o roubo e outras indignidades pelo colapso da nação:

114. *Ibidem*, p. 263.
115. *Ibidem*, p. 265.

Corações malfazejos! Cada qual por si,
mas por Ela — nossa Mãe, por ela, nada. —
Corações malfazejos! A nave afunda,
e cada qual junta suas trouxas e conta —
e que a água inunde a seu bel-prazer a nave,
até que não suporte, até que rompa o madeirame —[116]

O pregador conclama o povo a abrir mão dos interesses privados e empenhar-se pelo bem comum.

Em seu discurso, o Frei Piotr refere-se ao amor pela Pátria, que é mãe. Sua pregação lembra uma súplica a Deus, para que este se compadeça de Seu povo. O Jeremias polonês desce do púlpito e mergulha em profunda oração. Então, aproxima-se dele o *Hetman* — inspirado no grande *hetman* da coroa Stanisław Żółkiewski —, que, confessando seus pecados e suas fraquezas, pede a bênção na missão que tem a cumprir. Diante do perigo que ameaça a Pátria, o *Hetman* declara sua prontidão para a luta. Salienta que primeiro é preciso destruir todos os defeitos em si mesmo, para pôr-se em defesa da Pátria: "Violar a si próprio e vingar em si todos os pecados e caminhos abissais,/ para traçar através deles a via/ que leva à Magnificência e à luz."[117] O *Hetman* está pronto para proteger a Pátria e renovar o espírito da nação.

O terceiro ato passa-se na mesma igreja, no ano da derrota em Cecora.* Na presença do rei Zygmunt Waza II, monges entoam fúnebres "lamentações de Jeremias". Durante os cânticos adentra o templo o Cavaleiro-Mensageiro, trazendo a notícia sobre a derrota dos exércitos do *hetman* Żółkiewski em Cecora no combate com o império islâmico da Turquia otomana:

116. *Ibidem*, p. 268.
117. *Ibidem*, p. 278.
* Ţuţora, em romeno, na antiga região da Moldávia. [N.T.]

> Com uma desventura compareço ante vós —
> Corro até aqui dos sangrentos campos valáquios,
> [...]
> Escutai! Ó Rei Digníssimo!
> Escutai, monges nos bancos!
> Corro até aqui dos campos sangrentos de Cecora —[118]

Quando o mensageiro se vai, os monges entoam cânticos invocando o profeta Jeremias para libertar a força dos brados fúnebres. Junta-se a eles Frei Piotr com um cântico sobre a coragem do *hetman* Żółkiewski e a morte de seus cavaleiros: "Eu que vi os séculos de infortúnio e tormentos/ A eles coube-te sucumbir? Ó companheiro, bravo irmão!".[119]

Na derrota, porém, surge a esperança — uma "aurora" que prenuncia a vitória. Apesar do insucesso, o esforço do *Hetman* não foi em vão. Frei Piotr incita à observância da lei de Deus, porque ela protege o homem de toda desdita e ajuda a resistir às borrascas do destino:

> Quem porta a aliança porta também a vida.
> A nação não pode abandonar a Aliança,
> para que não perca a vida nessa pira.
> — Esta pira que arde em sacrifício.[120]

O sacrifício feito pela nação purifica os corações e enobrece as pessoas, torna-as honradas perante Deus e os outros.

A conclusão do drama é uma cruzada. Na obra, Wojtyła elaborou também

> o motivo do *Antemurale Christianitatis*, que faz da Polônia uma barreira protetora do cristianismo e da civilização ocidental. Em épocas

118. K. Wojtyła, *Jeremiasz, op. cit.*, p. 296.
119. *Ibidem*, p. 296.
120. *Ibidem*, p. 309.

anteriores a ameaça era o despotismo dos impérios mongol e turco, e do tzarismo russo; no período da Segunda Guerra Mundial, no entanto, o inimigo mortal passou a ser o totalitarismo fascista vindo do Ocidente. Há verdade então, talvez, em falar da Polônia como um antemuro giratório.[121]

3. O irmão de nosso Deus

> *Pois o homem tem a peculiaridade de que não se pode exauri-lo historicamente. Jaz nele um componente supra-histórico; com efeito, repousa nas fontes de sua humanidade. E a tentativa de perscrutar o homem liga-se à busca dessas fontes.*[122]

O irmão de nosso Deus está entre as realizações de maior relevância na obra de Karol Wojtyła. E talvez seja a melhor, porque nela o autor confrontou, com máximo dramatismo, a atitude do artista e a do homem de ação ética. É um drama de temática política, em que pese o fato de que as questões da política se resolvam aqui no terreno da antropologia.

A peça não é um drama biográfico típico, embora apresente em linhas gerais o decurso da vida de Adam Chmielowski:

> Exemplo do "teatro íntimo" de Kotlarczyk e Wojtyła, a peça é uma tentativa de mostrar a luta de Irmão Alberto para reconhecer e vivenciar a própria vocação. A "ação" principal desenrola-se na consciência de Adam Chmielowski, que ao longo do drama "se torna" Irmão Alberto.[123]

121. K. Dybciak, *op. cit.*, p. 89.
122. K. Wojtyła, "Brat naszego Boga". *In*: *Poezje i dramaty, op. cit.*, p. 109.
123. B. Taborski, "Introduction to *Our God's Brother*". *In*: K. Wojtyła, *The collected plays and writings on theater.* Berkeley: University of California Press, 1987, p. 147-148.

Stanisław Dziedzic verifica que *O irmão de nosso Deus*, escrito em prosa, distingue-se dos dramas anteriores, dos tempos de universidade do jovem Wojtyła, escritos em verso. Ele é expressão "das mudanças espirituais no próprio autor e testemunho da transição de uma personalidade letrada-artística para um modo de pensamento filosófico-teológico".[124]

Primeira peça madura de Karol Wojtyła, *O irmão de nosso Deus* foi escrita na idade de vinte e cinco a trinta anos, durante o seminário em Cracóvia (nos anos 1945-1950). Vale a pena voltar a atenção para o contexto histórico em que a obra surgiu. Stanisław Dziedzic descreve-o da seguinte maneira:

> Quando [Wojtyła] começou a trabalhar nela, a Polônia e a Europa experimentavam a tragédia de terrível violência e injustiça decorrentes das invasões de Hitler, e ia-se fazendo cada vez mais clara a ameaça de outro totalitarismo — o comunismo e a visão real do Estado da assim chamada ditadura do proletariado. Ao concluir alguns anos após a guerra a última versão do drama, os poloneses achavam-se diante de árduos desafios, impostos pelo sistema cada vez mais severo, cada vez mais totalitário, do comunismo stalinista.[125]

Wojtyła rejeitou decididamente a noção marxista de pessoa, a compreensão marxista da dinâmica da história, do mal e da violência nas relações humanas, o que se mostra com clareza em *O irmão de nosso Deus*. O autor da peça

> percebeu no movimento revolucionário uma reação social cuja origem era a injustiça e a alienação do homem em uma sociedade atomizada de egoísmos individuais e coletivos em luta. Negou entretanto a suposta necessidade da ligação entre as causas históricas e a forma das

124. S. Dziedzic, "Znaki wspólnych powinności — Brat Albert i Karol Wojtyła". *In*: Z. Zarębianka i J. Machniak, *Przestrzeń Słowa. Twórczość literacka Karola Wojtyły — Jana Pawła II*, *Op. cit.*, p. 376-377.
125. *Ibidem*, p. 378.

reações revolucionárias. Não concordava tampouco com o reducionismo materialista e seu falseamento da finalidade da vida humana. Na conclusão da obra afirma-se "que a ira precisa explodir", mas a última frase não deixa quaisquer dúvidas quanto à avaliação dessa explosão e de suas consequências: "Sei com certeza, contudo, que escolhi uma liberdade maior".[126]

O futuro Papa havia tempos nutria fascínio pela pessoa de Adam Chmielowski, o Irmão Alberto, uma das personagens mais intrigantes na vida cultural e religiosa polonesa. O Irmão Alberto era próximo a Wojtyła não só porque se afastou da arte (a literatura e o teatro) para dedicar-se à atividade caritativo-religiosa, mas também pelo fato de que, com suas escolhas de vida, resolveu questões sociais de uma forma aprovada por João Paulo II. Trata-se aqui da participação de Chmielowski no Levante de Janeiro em 1863-1864 contra a Rússia tzarista que mantinha a Polônia cativa. Considerada a mais polonesa das insurgências do país, essa revolta marcou profundamente a consciência nacional. Karol Wojtyła enxergava um sentido profundo no Levante. Na comemoração dos cem anos da revolta, em 1963, disse as seguintes palavras:

> Custou muitas vítimas nos campos de batalha, ainda mais vítimas nos tormentos da Sibéria — mas foi necessário. [...] Todos os que em 1863 se lançaram à luta com horrível violência, com incomparável violência, aqueles todos se davam conta do que os ameaçava. E por isso seus feitos têm grandeza interior: caracterizam-se pela mais profunda nobreza, mostram certa força do espírito humano e ao mesmo tempo são capazes de despertar essa força nos outros.[127]

Já como Papa, João Paulo II recordou-se da figura de Adam Chmielowski em livros autobiográficos como *Dar i Tajemnica* (*Dá-*

126. K. Dybciak, *op. cit.*, p. 96-97.
127. K. Wojtyła, *apud* K. Dybciak, *op. cit.*, p. 92-93.

diva e mistério) e *Wstańcie, chodźmy!* (*Erguei-vos, vamos!*). Naquele, lemos as seguintes palavras:

> Para mim sua pessoa teve um significado decisivo, porque no período em que ia me afastando da arte, da literatura e do teatro, encontrei nele um singular *apoio espiritual e um modelo de escolha radical do caminho da vocação*. [...] Muitos autores perpetuaram na literatura polonesa a figura de Irmão Alberto.[128]

E ainda:

> Ocupa lugar especial em minha memória, e mais até, em meu coração — o Irmão Alberto, Adam Chmielowski. Ficou aleijado — passou a usar uma prótese. Foi para mim uma personagem estranhíssima. Senti uma ligação espiritual muito forte com ele. Escrevi um drama sobre ele, que intitulei *O irmão de nosso Deus*. Sua personalidade exercia fascínio sobre mim. Vi nele um modelo que me correspondia: abandonou a arte para tornar-se um servo dos pobres, os "miseráveis", como eram chamados. Sua história foi uma grande ajuda para que eu deixasse a arte e o teatro e ingressasse no seminário.[129]

O irmão de nosso Deus pertence às obras de estrutura mais rica na produção de Wojtyła:

> A ação transcorre em diversos lugares; há muitas personagens psicologicamente diferenciadas, que apresentam visões de mundo contrastantes. Os diálogos não são sobrecarregados de teorização e em regra fundem-se bem nas situações dramáticas. A análise da composição demonstra que o criador da obra é um homem de teatro, que sente o palco e constrói eventos cênicos de efeito. Primorosa, em particular, é a penúltima cena, que se desenrola entre três pessoas, sendo que seu

128. K. Wojtyła, *Dar i Tajemnica*, *op. cit.*, p. 25.
129. K. Wojtyła, *apud* A. Kurnik, "Odkrywanie świetości — *Brat naszego Boga* Karola Wojtyły". *In*: Z. Zarębianka, J. Machniak, *op. cit.*, p. 387.

terceiro participante é o Crucificado, introduzido no mundo ficcional como destinatário das falas de Irmão Alberto, e antes testemunha das conversas dos frades e causador das transformações na alma humana.[130]

O tema principal da peça é a vocação do ser humano e mais concretamente a luta para fazer de si uma dádiva para os outros e abandonar o próprio ego. Vê-se isso com toda a clareza quando Chmielowski renuncia a sua vida confortável e conclama à pobreza e ao serviço em prol do outros. *O irmão de nosso Deus* é também uma luta pelo significado da liberdade humana e, mais amplamente, pelo significado da existência humana. Expressando convicções de Wojtyła, Adam afirma que a única transformação social digna da pessoa consuma-se pela Cruz, "que é transformação da queda do ser humano em um bem, e de sua escravidão em liberdade".[131] O drama encontra solução nas palavras do agonizante Irmão Alberto, quando estoura na cidade uma revolta de trabalhadores:

> E então? Sabeis, afinal, que a ira precisa explodir. Sobretudo quando é grande (*interrompe*). E vai perdurar, porque é justa. (*Cai em reflexão ainda mais profunda. Depois acrescenta uma frase como que para si mesmo, muito embora todos escutem concentrados.*) Sei com certeza, contudo, que escolhi uma liberdade maior.[132]

Há ainda outro plano em *O irmão de nosso Deus*. Wojtyła analisa o problema da violência revolucionária. Três concepções de ação na história são representadas por três personagens da peça: o herói principal, Adam-Irmão Alberto; um amigo seu, o artista Maks; e um revolucionário, chamado de Desconhecido:

130. K. Dybciak, *op. cit.*, p. 97.
131. K. Wojtyła, *Brat naszego Boga. In*: *Poezje i dramaty, op. cit.*, p. 179.
132. *Ibidem*, p. 179.

Especulou-se muito sobre quem poderia ser o modelo do desconhecido. O Papa João Paulo II afirma que a personagem é um "cripto-Lênin", uma referência ao rumor jamais comprovado de que Chmielowski e Lênin encontraram-se, talvez, em Zakopane, à época em que o segundo morou em Cracóvia e arredores nos anos de 1912-1914.[133]

Maks é um adepto do individualismo. Ele traça na obra a visão de uma sociedade de livre concorrência, extraindo conclusões existenciais da doutrina do liberalismo clássico. A consequência desse pensamento é a apologia do sucesso, que se torna critério do valor da pessoa. Essas ideias são contestadas por Adam, que defende total solidariedade com o destino humano. Seu programa de vida, como já se disse, é servir aos pobres. Esse serviço não quer dizer rebaixar-se a existências piores, mas erguer-se à fraternidade nas situações mais difíceis. O Desconhecido, por sua vez, é a personificação da ira e da revolução. A ira dos explorados tenta transformar-se em ódio de classe, pois só desse modo é possível incitar a explosão revolucionária que dá início à luta pela tomada do poder. Daí Adam tornar-se adversário do Desconhecido: "A 'liberdade maior' escolhida por Irmão Alberto era uma liberdade que o Desconhecido, o cripto-Lênin, considerava um embuste perante os pobres. Karol Wojtyła nunca duvidou que o Irmão Alberto estava com a razão e o cripto-Lênin, não".[134] Quando os dois se confrontam, portanto, não admira o brado do revolucionário: "Acautelai-vos ante os apóstolos da caridade! São vossos inimigos!".[135]

O irmão de nosso Deus é um drama extraordinariamente poderoso. Encenada em Cracóvia em 1980, a peça não agradou,

133. G. Weigel, *op. cit.*, p. 150.
134. G. Weigle, *op. cit.*, p. 152.
135. K. Wojtyła, *op. cit.*, p. 162.

porém, às autoridades comunistas. Ela mostra, afinal, que a Igreja é um lugar de liberdade no mundo, pois dá testemunho da libertação messiânica que tira o homem de seus grilhões e o conduz a um futuro melhor: "O Irmão Alberto não defendia a Igreja como tal; defendia a dignidade humana por meio da Igreja e da verdade que ela traz consigo. Em comparação com Lênin, ele realmente escolheu 'uma liberdade maior'".[136]

Wojtyła escreveu uma obra tocante sobre a vida do homem. Mais especificamente, buscou em sua peça as fontes da humanidade, em que, como salienta, repousa "um componente supra-histórico". Trata-se, então, de uma investigação sincera da verdade sobre o homem. De um vislumbre daquele momento excepcional em que se consuma uma libertação completa do ser humano.

4. *Diante do ourives*

> *O amor não é aventura. Tem sabor do homem todo. Tem o peso de sua espécie. E o peso de todo o seu destino. Não pode ser um instante. A eternidade do homem passa por ele.*[137]

Diante do ourives é uma meditação poética sobre o amor humano:

136. M. Lawson, "The pope's other self", *The Tablet*, 14/XII/1996, p. 1643; J. Luxmoore e J. Babiuch, "Did Karol Wojtyła see and rescue the good in Marxism?", *National Catholic Register*, 26/I-1/II/1997, p. 7.
137. K. Wojtyła, *Przed sklepem jubilera. Medytacja o sakramencie małżeństwa przechodząca chwilami w dramat*. Cracóvia: Znak, 1988, p. 36.

> A discrepância entre o que é a superfície e o que é o mistério do amor constitui precisamente a fonte do drama. Esse é um dos maiores dramas da existência humana. A superfície do amor tem sua correnteza, uma correnteza veloz, faiscante, instável. Um caleidoscópio de ondulações e situações repletas de encanto. Às vezes essa correnteza é tão vertiginosa que arrasta as pessoas, arrasta as mulheres e os homens. São arrastados pela ideia de que sorveram todo o mistério do amor e, no entanto, nem sequer o tocaram ainda.[138]

Wojtyła acrescenta o subtítulo "Meditações sobre o sacramento do matrimônio tornadas, por instantes, drama", como que se justificando pelo fato de que a peça não atende às exigências clássicas de um texto para a cena:

> Faz isso, de resto, de modo inteiramente consciente. Pois segue a linha estabelecida por Mieczysław Kotlarczyk na empreitada comum do Teatro Rapsódico. [...] Em um teatro assim têm menos importância o gesto, a mímica, a ação em geral. As falas enunciadas com o máximo de cuidado com a beleza e a comunicatividade refletem o que se passa na mente. [...] A predominância da palavra sobre o gesto restitui indiretamente ao pensamento a primazia sobre o movimento e o impulso no homem.[139]

Escritas conforme tais pressupostos, essas "meditações" são uma "obra discursiva com uma tese bastante clara. Elas apresentam a concepção do autor sobre o amor da mulher e do homem".[140]

Diante do ourives conta a história íntima de três casais em face da decisão do matrimônio. O autor contrapõe o destino de dois casais — Teresa e Andrzej, Anna e Stefan — e, anos mais tarde, de

138. *Ibidem*, p. 34.
139. A. Jawień (K. Wojtyła), "Dramat słowa i gestu". *In*: *Tygodnik Powszechny*, nº 14/1957, p. 5.
140. J. Moskwa, *Droga Karola Wojtyły*, *op. cit.*, p. 168-170.

seus filhos Krzysztof e Monika. As personagens revelam diante de nós os segredos mais profundos de sua alma, seus desejos, dilemas ou frustrações. Simultaneamente, tentam entender o mais inapreensível no mistério da vida: o Amor. Com efeito, "é impressionante a perspicácia psicológica da descrição do começo do casamento, do processo de decomposição do vínculo conjugal e da permanência dos pais nos filhos".[141]

A ligação entre Teresa e Andrzej é baseada em um amor verdadeiro, no respeito e na compreensão recíprocos. A história do amor desse casal desenvolve-se em ritmo tranquilo e simples:

> [...]
> 9. O amor — o amor pulsa nas têmporas,
> no ser humano torna-se pensamento
> e vontade
> vontade de Teresa de ser Andrzej,
> vontade de Andrzej de ser Teresa.
>
> 10. Estranho e todavia necessário
> — e de novo vos afastais um do outro,
> porque o homem não perdura no homem
> sem fim,
> e o homem não basta.
>
> 11. Como fazer, ó Teresa,
> para restar para sempre em Andrzej?
> Como fazer, Andrzej, para restar para sempre em Teresa?
> Pois o homem não perdura no homem
> e o homem não basta.[142]

A obra principia pelas lembranças de Teresa:

> Andrzej escolheu-me e pediu minha mão. Aconteceu hoje entre as cinco e as seis da tarde. Não me recordo exatamente se consegui olhar

141. R. Buttiglione, *Myśl Karola Wojtyły, op. cit.*, p. 344-345.
142. K. Wojtyła, *Przed sklepem jubilera, op. cit.*, p. 20.

> para o relógio ou perceber as horas na torre da velha prefeitura. Nesses momentos não se confere a hora, esses momentos crescem no homem além do tempo [...]. Andrzej virou-se e disse: "Queres ser minha companheira na vida?". Disse assim. Não disse: queres ser minha mulher, mas minha companheira na vida. Foi então pensado o que ele pretendia dizer. [...] Depois Andrzej tomou-me pela mão e disse: "Entremos, Teresa, escolhamos nossas alianças [...]". O ourives olhou-nos longamente nos olhos. Tirando a última medida do nobre metal, exprimiu pensamentos profundos, que se cravaram de modo muito estranho em minha memória. O peso dessas alianças de ouro — assim disse — não é o peso do metal, mas sim o peso específico do homem, da cada um de vós em separado e de ambos, juntos. Ah, o peso próprio do homem, o peso específico do homem! [...] E em meio a tudo isso o amor, que jorra da liberdade.[143]

Andrzej, por sua vez, recorda-se desse momento como segue: "Pensei muito então em um 'segundo eu'. Não me entreguei apenas à impressão e ao encanto dos sentidos, pois sei que nesse caso não deixaria de fato meu 'eu' e não alcançaria outra pessoa — mas aqui justamente estava o esforço".[144]

Quando Andrzej e Teresa se detiveram ante o estabelecimento do ourives, o simbolismo das alianças falou-lhes de modo muito forte. O ourives, de sua parte, declarou: "O peso dessas alianças de ouro [...] é o peso de um fardo contínuo, atado a um curto voo. O voo tem forma de espiral, de elipse — e forma de um coração. Ah, o peso próprio do homem! [...] E em meio a isso o amor, que jorra da liberdade como da gleba cortada de través".[145]

O amor de Teresa e Andrzej, contudo, não se realizará até o fim. O casal viverá brevemente junto. A história desse amor termina tragicamente. Andrzej morre na guerra.

143. *Ibidem*, p. 5, 16.
144. *Ibidem*, p. 6.
145. *Ibidem*, p. 16.

A segunda parte do drama tem início com as recordações e as preocupações de Anna. Ela tem a impressão de que Stefan já não a ama: "Se não reage à minha tristeza [...], Stefan como que deixou de estar em mim. Também eu deixei de estar nele?".[146] A história de Stefan e Anna é a história de uma crise conjugal. Quando o fascínio pela pessoa amada termina, surge a indiferença, a raiva. Stefan acostumou-se a tratar o amor como coisa óbvia, não percebendo a necessidade de renová-lo, de ir além de si. Anna, por sua vez, tem dificuldades para renovar a consciência da dádiva de si em meio às tarefas do dia a dia. Cria-se uma "fissura". Anna confessa:

> Não me pude conformar, nem pude evitar, tampouco, que se abrisse uma fissura. [...] desde que se tornou um fato a fissura em nosso amor, olhei muitas vezes para as alianças de ouro — símbolo do amor humano e da "fidelidade conjugal". Lembro como outrora esse símbolo foi eloquente, quando o amor era algo indiscutível, algo como uma canção cantada por todas as cordas do coração. Depois as cordas começaram a emudecer, e nenhum de nós pôde evitar isso.[147]

Como resultado, vai amadurecendo em Anna a decisão de vender sua aliança. Vale notar que a decisão de Anna nasce de sua incapacidade de perdoar Stefan. Aqui vem em socorro dela o Ourives, que, após pesar a aliança, diz:

> Esta aliança nada pesa, o fiel da balança só indica zero, e não posso extrair dela nem um miligrama. Pelo visto, o esposo da senhora ainda vive — nesse caso aliança alguma pesa em separado, pesam apenas as duas juntas. Minha balança de ourives tem a peculiaridade de que não pesa metal, mas o ser todo do homem e o destino.[148]

146. *Ibidem*, p. 23.
147. *Ibidem*, p. 25, 29.
148. *Ibidem*, p. 30.

A difícil relação de Stefan e Anna fere sua filha, Monika, assim como crescer sem pai é um fardo para o filho de Teresa, Krzysztof.

Krzysztof, filho de Teresa e Andrzej, e Monika, filha de Stefan e Anna, trazem para seu casamento todo o fardo, toda a incerteza e a dor de seus pais: "Eis a herança de Monika: a fissura daquele amor fincou-se tão fundo nela que seu próprio amor começa com uma fissura. Krzysztof tenta fechá-la. Perdura nele teu amor por mim, mas também tua ausência — o medo do amor por um ausente" — reflete Teresa, dialogando em pensamento com o falecido esposo, Andrzej.[149] Monika diz a Krzysztof:

> Eu porém temo a mim mesma e também temo por ti. Longamente, antes, eu te temi, temendo ademais por mim mesma. Teu pai partiu e morreu, e ainda assim a união persistiu — foste o porta-voz dela, o amor comunicou-se a ti. Em mim, meus pais vivem como dois estranhos, não há a união com que se deve sonhar [...]. Temi longamente o amor por isso mesmo. Hoje, ainda, eu temo o amor, esse desafio ao ser humano. Tomas uma jovem difícil, sensível em demasia, que se encerra facilmente em si mesma e a custo rompe esse círculo que o "eu" traça de novo e de novo. Tomas alguém que absorverá mais, talvez, do que podes dar, e que dá com imensa parcimônia.[150]

E Krzysztof responde o seguinte aos medos de Monika:

> Não posso ir mais além de ti. Não se ama um ser humano por ter "caráter fácil". De fato, por que se ama? Não saberia responder. O amor antecipa-se a seu objeto ou então se aproxima de tal forma dele que por pouco não o perde de vista. [...] O importante será o que permanecer quando a onda das comoções houver baixado. Isso tudo é verdade, Monika. E sabes o que mais me alegra? É termos enfim

149. *Ibidem*, p. 47.
150. *Ibidem*, p. 46.

> tanta verdade que damos conta de ler sem embaraço, na trama de todos esses enlevos, coisas comuns.[151]

Assim, Monika e Krzysztof trazem consigo a esperança de redimir todo o mal que coube a seus pais, trazem consigo um amor que seus pais não conseguiram vivenciar no casamento. Em Krzysztof e Monika há esperança de redenção para todos. Tudo o que houve e se passou e o que agora se ia passando, todo o passado e o futuro, ao mesmo tempo, contêm-se no Amor: "Monika e Krzysztof espelham de novo, de algum modo, o absoluto existir, e o Amor [...] é talvez a maior das maravilhas! Mas vive-se sem saber disso".[152]

O elo entre essas três histórias é a personagem semanticamente complicada do Ourives, diante de cujo estabelecimento os heróis do drama se encontram. O Ourives é um artesão; conforme diz "Alguém" na peça: "produz objetos que levam a refletir sobre o destino".[153] O próprio Ourives afirma que sua balança se caracteriza por não pesar "metal, mas o ser todo do homem e o destino". Suas ponderações dizem respeito ao emaranhado dos sentimentos humanos, às peripécias de pessoas como que por natureza incapazes de chegar a compreender o maior dos mistérios da existência humana, o amor. Sobre o enredar-se das existências, a incompletude e a imaturidade do homem, bem como sobre o anseio de união no amor e a aspiração, igualmente forte, a preservar a própria individualidade, fala o seguinte fragmento: "Essas fissuras, esse emaranhado, esse fundo — essas amarras, quando é tão difícil separar coração e pensamento. E em meio a tudo a liberdade disso

151. *Ibidem*, p. 47.
152. *Ibidem*, p. 60.
153. *Ibidem*, p. 14.

tudo — alguma liberdade, e por vezes a loucura da liberdade enleada nesse emaranhado".[154]

Papel importante na peça é desempenhado pelo padre Adam. Adam é aquele que viveu desde o princípio a história humana e conhece sua verdade:

> Adam vive no pecado e, mais, é seu começo. Entretanto, por isso mesmo ele sabe a verdade sobre o pecado e não se deixa seduzir por qualquer ideologia. Sabe também a verdade sobre a esperança, que Deus deu ao homem apesar do pecado. Por isso Adam fala a Anna do Prometido que há de vir e conta-lhe a parábola das virgens sábias e tolas; chega até a descerrar diante dela a cortina da vida, para que possa identificar entre os passantes as virgens sábias e as tolas.[155]

Adam é portanto um mentor, que esclarece aos heróis de Wojtyła o sentido maior de seus sentimentos. Ele ensina que o amor humano é incompleto:

> Por vezes, a existência humana parece curta demais para o amor. Por vezes, é o contrário: o amor humano parece curto demais em relação à existência — ou talvez antes raso demais. De todo modo, cada ser humano tem à sua disposição existência e amor — como fazer disso um conjunto dotado de sentido? [...] Esse é o sentido último de vosso destino.[156]

Adam, enfim, é aquele que ensina, esclarece e previne quanto ao pecado da traição conjugal.

Em *Diante do ourives* lidamos

> com uma obra em que o pensamento se desenvolve harmonicamente, em ritmo sereno e simples, um ritmo tão suave que a profundidade

154. *Ibidem*, p. 15.
155. R. Buttiglione, *op. cit.*, p. 351.
156. K. Wojtyła, *Przed sklepem jubilera*, *op. cit.*, p. 58.

> do tema abordado não causa dificuldades, mas um contínuo espanto. O que é difícil no texto é tão só reflexo das dificuldades da própria vida. A meditação sobre o texto transforma-se com facilidade em meditação sobre a própria sorte, e o poeta simplesmente nos auxilia a decifrar o drama e as secretas profundezas dessa sorte.[157]

A mensagem da peça é bastante simples. Para amar, é preciso "atrelar seu amor ao infinito amor de Deus, ultrapassando a esfera da emoção e voltando-se para aquele centro da pessoa no qual ela se abre para a relação com Deus que a constitui".[158]

Wojtyła mostra no drama que o amor exige diálogo com o íntimo e a verdade do outro. Só o diálogo que ultrapassa as emoções toca aquela esfera da existência que chamamos de vocação. O amor é o encontro de pessoas que se entregam uma à outra. O amor por uma mulher ou por um homem é um valor fundamental, é como uma "prece" do coração de duas pessoas. Constitui ao mesmo tempo uma união, dádiva do ser humano inteiro nas dimensões biológica, axiológica e temporal. O pensamento sobre a pessoa amada acompanha cada outro pensamento:

> O outro torna-se um caminho para a realização do meu próprio destino, um caminho que permite que me torne quem verdadeiramente sou. Pois o ser humano é como uma borboleta aprisionada no casulo: só a experiência do amor o liberta. No encontro com o outro visivelmente vem a ser o que já se continha no sujeito e ele próprio desconhecia. Aquele que não experimentou esse encontro morrerá sem sair do casulo, ou seja, jamais realizará sua própria grandeza.[159]

O matrimônio, parece sugerir Wojtyła, é algo mais que o mero encontro de duas pessoas. O matrimônio é a realidade mesma do

157. R. Buttiglione, *op. cit.*, p. 351.
158. R. Buttiglione, *op. cit.*, p. 359.
159. S. Grygiel, *L'uomo visto dalla Vistola, apud* R. Buttiglione, *op. cit.*, p. 345.

casal. Além disso, ele é aquela "experiência que faz com que Deus comece a tornar-se compreensível para o homem".[160]

Diante do ourives é uma meditação sobre o fenômeno do amor, bem como uma reflexão sobre o desespero e a amargura. É um estudo filosófico do qual se deduz a profunda fé do autor no homem e no amor, que é um bem acessível a cada um.

Temos uma única vida, frisa João Paulo II, e seria um pecado desperdiçar o "dom do amor" causando a si próprio o maior dos prejuízos e não atingindo a plenitude da própria humanidade. Pois na vida trata-se justamente de Amor. Daquele momento em que o homem pode declarar com orgulho: "O amor esclareceu-me tudo,/ o amor resolveu tudo —/ por isso adoro esse Amor,/ onde quer que esteja".[161]

5. *A irradiação da paternidade*

No âmbito de uma problemática semelhante — o interesse pelo amor conjugal, a família e a paternidade — inscreve-se a peça seguinte do autor, *A irradiação da paternidade*. A obra surgiu em 1964, mas não foi publicada então, porque o texto provocou certa hesitação no editor. Por isso Wojtyła elaborou uma versão mais curta, intitulada *Considerações sobre a paternidade*, que a editora Znak deu a lume em maio de 1964 (sob o criptônimo A. J.). *A irradiação da paternidade*, no entanto, foi publicada — também pela Znak — em 1979.

160. R. Buttiglione, *op. cit.*, p. 359.
161. K. Wojtyła, "Pieśń o Bogu ukrytym". *In*: *op. cit.*, p. 24.

Até certo ponto, a obra traz uma continuação dos problemas abordados em *Diante do ourives*. Trata de questões da existência humana: solidão, paternidade, maternidade, abertura para o outro. De um ponto de vista formal, *A irradiação da paternidade* concentra-se ainda mais no íntimo do homem, o que faz com que desapareça quase inteiramente a ação exterior. As personagens exprimem o drama da pessoa que vence sua solidão abrindo-se para o casamento e, por meio deste, para a maternidade e a paternidade.

O drama é reconhecido unanimemente como um dos mais difíceis, mas também um dos mais importantes de Karol Wojtyła. Os comentaristas não demonstram consenso, todavia, quanto à questão da forma e do caráter do texto. Na opinião de Zofia Zarębianka, ele "introduz, a rigor, uma forma totalmente nova, que não se situa nem nas convenções do teatro da palavra de Kotlarczyk nem do drama íntimo".[162] Segundo Zbigniew Solski,

> no nível formal o drama assume os contornos de um compósito intergenérico [...]. *A irradiação da paternidade* é uma nítida retomada da forma do mistério, a que Wojtyła alude dando à peça o subtítulo *Mysterium* [...]. Ele fez uso aqui da montagem, conhecida dos mistérios medievais, de quadros justapostos em sequência, privando o texto, porém, do elemento épico e reduzindo o número de cenas e de personagens ao absoluto mínimo.[163]

Na opinião de Krzysztof Dybciak, enfim,

> o texto deve ser situado nos limites da literariedade e da discursividade, pois contém desenvolvidos arrazoados éticos e até mesmo linguísticos, por exemplo, extensas ponderações sobre o significado da

162. Z. Zarębianka, "Dojrzewanie do śmierci, dojrzewanie do ojcostwa w poetyckiej antropologii Karola Wojtyły". *In*: Z. Zarębianka, J. Machniak, *op. cit.*, p. 326.
163. Z. W. Solski, "Ojcostwo i tożsamość". *In*: Z. Zarębianka, J. Machniak, *op. cit.*, p. 338, 342, 341.

> palavra "meu" [...]. A par das lucubrações teológicas e filosóficas, é possível ler aqui também bons aforismos, e, considerando sua poeticidade, será melhor dizer: "metáforas aforísticas".[164]

Uma citação da Primeira Epístola de João Apóstolo sobre o testemunho do Pai, do Verbo e do Espírito Santo no início da peça recorda-nos que somos participantes de um *mysterium*. Adam, nome do primeiro homem (e também de um dos heróis do drama *Diante do ourives*), sugere igualmente que o autor nos introduz em uma realidade humana universal, que diz respeito a cada um.

O herói reflete sobre si, sobre sua vida:

> Adam desejou assemelhar-se a Deus no aspecto da força. É evidente aqui a confrontação com o ateísmo prometeico do marxismo, com a visão marxista da práxis humana como instrumento de transformação e de subordinação da natureza. O homem obteve nisso muitos sucessos, mas por fim ficou claro que eles são insuficientes. Mais ainda, esses sucessos levaram-no a criar uma imagem falsa de Deus.[165]

No começo da primeira parte da obra, o herói do drama declara que é um modelo de todo ser humano:

> Tudo isso está ligado ao nome Adam, que carrego. É um nome por meio do qual vou ao encontro de cada ser humano — ao mesmo tempo, contudo, precisamente nesse nome o que cada ser humano traz consigo pode tornar-se trivial, e até achar-se privado de valor. Tenho um nome difícil.[166]

Adam vive como que além de si, tentando continuamente, todavia, alcançar o âmago de sua personalidade.

164. K. Dybciak, *Karol Wojtyła a literatura, op. cit.*, p. 101.
165. R. Buttiglione, *op. cit.*, p. 360.
166. K. Wojtyła, *Promieniowanie ojcostwa. In: Karol Wojtyła — Poezje Dramaty Szkice; Jan Paweł II — Tryptyk Rzymski. Op. cit.*, p. 447.

Na solidão, Adam descobre a experiência da paternidade. Em sua paternidade, ele é semelhante a Deus, que em Si mesmo é o Solitário. Mas Adam não conseguiu dar conta da tarefa que Deus pôs diante dele. Abdicou da responsabilidade, "desfazendo-se da paternidade como um fardo". Abdicou do mistério da "irradiação da paternidade" e seguiu adiante no caminho da solidão, incorrendo assim em um pecado nascido do medo perante Deus. Restou então o egoísmo, o próprio eu, o desejo de tudo possuir por si, esquecendo-se de Deus, que é o Doador da vida. Este, no entanto, apesar do pecado do egoísmo, restitui dignidade à paternidade humana: "Penetras o que chamo de solidão, e quebras a resistência que te oponho. Pode-se dizer que avanças?".[167] Deus adentra no homem tocado pelo pecado. Amolda-o por meio do amor, porque só este torna o ser humano capaz de sentimento. O amor, então, é um sinal da presença de Deus na alma do homem.

Wojtyła demonstra que a paternidade é experiência do Amor de Deus em si próprio. Deus atinge o coração do homem justamente por meio de um filho, sobrepujando-lhe a solidão: "Queres que eu ame. Tocas-me com um filho, uma pequenina ou um pequenino — e minha resistência fraqueja".[168] O filho desperta mais uma vez no homem a capacidade de amar e dessa maneira reconstrói nele a imagem de Deus.

No final da primeira parte da peça encontramos a personagem da Mãe, que é signo da esperança de deixar a desoladora condição do pecado, da solidão e do sofrimento. Ela conhece o mistério da existência humana pela maternidade: "sabe imensuravelmente mais

167. *Ibidem*, p. 451.
168. *Ibidem*, p. 451.

da procriação que o homem".[169] Sua maternidade constitui uma expressão da paternidade, porque sem o pai seria impossível conceber um filho: "A maternidade, porém, constitui expressão da paternidade. Deve sempre regressar ao pai, para tomar dele tudo de que constitui expressão. Nisso consiste a irradiação da paternidade".[170] O filho aponta para o pai, para o amado graças ao qual a mulher adentra na maternidade.

A segunda parte de *A irradiação da paternidade* é intitulada "A experiência do filho" (a primeira, que comentamos anteriormente, intitula-se "Adam"). Agora, a personagem Monika conta suas experiências com o pai. Os inícios da história mergulham no passado da pequena criança, que não se lembra das primeiras fases da infância. Ela conheceu o pai por meio da mãe, a qual lhe falava sobre ele como personificação dele. Pai e mãe são para Monika dois troncos de uma só árvore, entrelaçados um ao outro.

No coração da criança, nesse meio-tempo, foi crescendo o amor pelo pai, tanto maior quanto mais o pai estava ausente. Monika criou a imagem dele como expressão de seus próprios anseios. A experiência do pai e a da filha convergem durante uma excursão por um bosque, ao aparecer no caminho um perigo — uma serpente. Nasce então em Adam o pensamento de que precisa proteger a filha. Surge nele o sentimento da responsabilidade paterna, do cuidado, do amor e do apego. Em Monika a serpente causa primeiro o medo, mas o pensamento de que o pai está a seu lado a acalma. O pai torna-se presente para ela no sentimento de segurança — ela deixa de ter medo. Depois, Monika mergulha os pés na água de um riacho e vivencia o mistério da vida:

169. *Ibidem*, p. 454.
170. *Ibidem*, p. 454.

> Eis que a vida toma de novo todas as células.
> Ah, pois que nasço desse riacho de verão,
> então peço: sê água para mim![171]

A água é aqui símbolo de vida e de um novo nascimento para Monika. A segunda parte do drama termina com a confissão da feliz criança, que chama Adam de pai:

> [...]
> Eu sinto, eu sinto novamente meu corpo
> e minha alma!
> Tu me tomaste pela mão
> e me conduziste.[172]

Parece que Adam e Monika amadureceram para seus papéis e vivenciaram sua plenitude.

"A Mãe", terceira parte da peça, é reflexo especular da primeira. A Mãe na obra de Wojtyła é um modelo de todas as mães. Lembra-nos das aflições da maternidade, da dor de dar à luz, da dificuldade de criar um filho, do cuidado com a nova vida. Agora a Mãe ocupa o lugar de Adam. Ela torna-se a personagem principal. A Mãe, aliás, é uma personagem mística, que traz em si algo de Eva, de Maria e da Igreja.

Essa parte da obra apresenta o problema da paternidade da perspectiva da mulher — da esposa. A mãe completa a paternidade com a maternidade. Ela tem consciência de que o homem está suspenso entre o amor e a solidão: enquanto o amor abre o ser humano para outro ser humano, a solidão fecha-o em si mesmo. Wojtyła mostra que a mulher, esposa e mãe, vem ao mundo com

171. *Ibidem*, p. 464.
172. *Ibidem*, p. 475.

uma missão: "Quando dou filhos à luz — são filhos dele também, não só meus — devolvo-lhe, quiçá, uma sombra da paternidade de que desde o princípio ele se aparta, sem poder se apartar de todo".[173]

Embora a Mãe abrigue em si "um amor mais forte que a solidão",[174] embora esse amor devolva incessantemente a paternidade a Adam, este opta pela solidão, "para continuar sendo apenas ele mesmo e não ser mais ninguém".[175] Por fim, porém, Adam dirige-se a Deus:

> Assim então pode dar-se, afinal, que Tu afastes nosso mundo [...]. E então há de mostrar-se que permaneces Todo apenas no Filho, e Ele em Ti — e Todo com Ele em Vosso Amor. O Pai e o Prometido. E tudo o mais, então, há de mostrar-se irrelevante e insignificante, exceto isto: exceto um pai, um filho e amor.[176]

A irradiação da paternidade desenvolve reflexões sobre o amadurecimento de tornar-se pai, sobre a construção da relação do ser humano com Deus e com os outros, e também sobre a missão paterna no âmbito da família. O autor aborda, além disso, a dimensão mais profunda da paternidade em Deus.

O drama de Karol Wojtyła inscreve-se na tradição dos mistérios medievais, que perscrutam os enigmas da presença de Deus no mundo e Seu constante velar sobre o homem. Aproxima de nós o enigma divino. Pois Deus veio ao encontro do homem, permitiu-lhe descobrir a presença de si próprio Nele e determinou o sentido de toda a história da salvação.

173. *Ibidem*, p. 476.
174. *Ibidem*, p. 475.
175. *Ibidem*, p. 479
176. *Ibidem*, p. 480.

"Penso sem cessar, de fato, o que o coração sente,
e não sei se estou mais plena de comoção ou de conhecimento."[177]

177. K. Wojtyła, "Narodziny wyznawców". *In*: *Poezje i dramaty*, *op. cit.*, p. 62.

Agradecimentos

Escrever *Penso o que meu coração sente* foi um desafio, uma honra e ao mesmo tempo uma oportunidade para refletir sobre a vida, a transitoriedade e também sobre a obra poética e dramatúrgica de Karol Wojtyła, o Papa João Paulo II. Este livro é o resultado de uma necessidade do coração e do desejo de me fazer presente na vida de outras pessoas por meio da palavra e do pensamento. Tenho uma grande dívida de gratidão para com aqueles que, com sua colaboração, ajuda, conselhos e apoio, me possibilitaram realizar este trabalho.

Roma: minhas primeiras palavras de agradecimento vão para o Papa João Paulo II. Santo Padre, obrigada pela "ideia" deste livro, pela inspiração e, posteriormente, por olhar por mim e também por ele.

Agradeço ainda a Wanda Wadowska-Powroźnik, do Centro de Documentação do Pontificado de João Paulo II, por sua ajuda na busca de arquivos e de outros documentos valiosos para este livro.

Polônia: Tenho também uma imensa dívida de gratidão para com o professor Krzysztof Dybciak. Foi uma grande honra escrever *Penso o que meu coração sente* sob os cuidados dele. Agradeço muito por seus valiosos conselhos, comentários e palavras de encorajamento. Agradeço também aos meus avós Alfred e Stanislawa; Andrzej e Daniela.

Brasil: Agradeço a Mauro Palermo, que me prestou ampla ajuda providenciando tudo o que era necessário para que os caros leitores tivessem esta obra em mãos. A realização deste meu sonho certamente teria se revelado impossível sem sua ajuda e apoio.

Gostaria igualmente de expressar minha profunda gratidão a Rodrigo, que zelou fielmente por este livro e me auxiliou no aprimoramento de seus mínimos detalhes.

Agradeço também a Daniel Balaban, Carlos Miele, Patricia Carta, Isabella Fiorentino, Francesca Romana Diana e Narcisa Tamborindeguy por estarem em minha vida. Obrigada pela ajuda, pelo apoio e pela amizade.

EUA: Agradeço igualmente a Edyta, que há anos permanece fielmente comigo, apoiando-me com suas palavras gentis.

Também gostaria de agradecer a Denise, por sua grande amizade, entusiasmo e apoio.

Agradeço de todo o coração aos meus queridos pais e irmão, Michał, e Zibi. Eu dedico este livro a eles.

Referências bibliográficas

ACCATTOLI, L. *Karol Wojtyla: L'uomo di fine millennio*. Turim: San Paulo Edizioni, 1998.

BABIUCH J.; LUXMOORE, J. Did Karol Wojtyła see and rescue the good in Marxism? *National Catholic Register*, Irondale: jan. 1997.

BERNSTEIN, C.; POLITI, M. *His Holiness: John Paul II and the History of our time*. Nova Iorque: Penguin Books, 1996.

BOHDANOWICZ, A. Żywot gimnazjalny. Apud: DYBCIAK, K. *Jan Paweł II w literaturze polskiej*: antologia tekstów literackich. Varsóvia: Centrum Myśli Jana Pawła II, 2008.

BONIECKI, A. Jan Paweł Wielki. *Tygodnik Powszechny*, Cracóvia, nº 5, abr. 2005.

BUTTIGLIONE, R. *Myśli Karola Wojtyły*. Lublin: Wydawnictwo Instytut Jana Pawła II KUL, 2010.

CIECHOWICZ, J. Światopogląd teatralny Karola Wojtyły, *Dialog*, Varsóvia, nº 10, 1981.

CIECHOWICZ, J. Z Wadowic w świat. Karol Wojtyła i teatr". In: ZARĘBIANKA, Z; MACHNIK, J. *Przestrzeń Słowa*. Twórczość literacka Karola Wojtyły — Jana Pawła II. Cracóvia: Wydawnictwo św. Stanisława BM Archidiecezji Krakowskiej, 2006.

CRAIG, M. *Man from a Far Country*. A Portrait of Pope John Paul II. Londres: Hodder and Stoughton, 1979. *In*

DAVIES, N. *Serce Europy*. Krótka historia Polski. Apud: Weigel, G. *Świadek nadziei*. Biografia Papieża Jana Pawła II, Cracóvia: Znak, 2000.

DYBCIAK, K. *Karol Wojtyła a literatura*. Tarnów: Biblos, 1991.

DYBCIAK , K. "Penso cio...che sento col cuore". Sull'opera letteraria di Karol Wojtyła. *In*: *CSEO Documentazione*, n. 142, 1979.

DYBCIAK , K. The Poetic Phenomenology of a Religious Man: About the Literary Creativity of Karol Wojtyła. *In*: *World Literature Today*, n. 2 (vol. 54), 1980.

DYBCIAK , K. *La grande testimonianza*. Bolonha: CSEO, 1981.

DYBCIAK, K. *Nowy elementarz Jana Pawła II na trzecie milenium*. Cracóvia: Wydawnictwo Literackie, 2005.

DYBCIAK, K. Semantyka ojczyzny i narodu w poezji Karola Wojtyły. In: ______. *Trudne Spotkanie*. Literatura polska XX wieku wobec religii. Cracóvia: Arcana, 2005.

DYBCIAK, K. Tryptyk Rzymski — nowa forma literacka. In: ______. *Trudne spotkanie*. Literatura polska XX wieku wobec religii. Cracóvia: Arcana, 2005.

DZIEDZIC, S. Znaki wspólnych powinności — Brat Albert i Karol Wojtyła. In: ZARĘBIANKA, Z.; MACHNIK, J. *Przestrzeń Słowa*. Twórczość literacka Karola Wojtyły — Jana Pawła II. Cracóvia: Wydawnictwo św. Stanisława BM Archidiecezji Krakowskiej, 2006.

FROSSARD, A. *Nie lękajcie się!* Rozmowy z Janem Pawłem II. Cidade do Vaticano: Libreria Editrice Vaticana, 1982.

GANCARZ, B. (red.). *Alfabet Jana Pawła II 1920-2005*. Cracóvia: Kluszczyński, 2005.

GIOVANNI PAOLO II. Omelia de Giovanni Paolo II per l'inizio del pontificato. Cidade do Vaticano, 22 de outubro de 1978. Disponível em: <http://www.vatican.va/holy_father/john_paul_ii/speeches/1978/ documents/hf_jpii_spe_19781022_inizio-pontificato_it.html>. Acesso em: 12 set. 2013.

GREŃ, Z. Powołanie. Apud: DYBCIAK, K. *Karol Wojtyła a literatura*. Tarnów : Biblos, 1991.

GRYGIEL, S. L'uomo visto dalla Vistola. Apud: BUTTIGLIONE, R. *Myśl Karola-Wojtyły*. Lublin: Wydawnictwo Instytut Jana Pawła II KUL, 2010.

KRÓLIKIEWICZ-KWIATKOWSKA, H. Teatralne początki. Apud: Dybciak, K. *Jan Paweł II w literaturze polskiej*: antologia tekstów literackich. Varsóvia: Centrum Myśli Jana Pawła II, 2008.

JAN PAWEŁ II. *Dar i tajemnica*. W pięćdziesiątą rocznicę moich swięceń kapłańskich. Cracóvia: Wydawnictwo św. Stanisława BM Archidiecezji Krakowskiej, 2005.

JAN PAWEŁ II. *Encyklika Redemptor Hominis*. Cidade do Vaticano: Libreria Editrice Vaticana, 1979. Disponível em: <http://www.vatican.va/holy_father/john_paul_ii/encyclicals/documents/hf_jp-ii_enc_04031979_redemptor-hominis_po.html>. Acesso em: 12 set. 2013

JAN PAWEŁ II. *Miłość i odpowiedzialność*. Lublin: Wyd. Towarzystwo Naukowe KUL, 1982.

JAN PAWEŁ II. Homilia wygłoszona podczas Mszy Świętej na hipodromie, Wrocław, 21.VI.1983. In: *Musicie od siebie wymagać*. Poznań: W Drodze, 1984.

JAN PAWEŁ II. *List apostolski do młodych całego świata* (*Dilecti Amici*) z okazji międzynarodowego roku młodzieży. Roma, 1985. Texto disponível em: <http://www. sdm.org.pl/download/list/list.pdf>. Acesso em: 12 set. 2013.

JAN PAWEŁ II. *Pamięć i tożsamość*. Cracóvia: Znak, 2005.

JAN PAWEŁ II. *Przekroczyć próg nadziei*. Lublin: Redakcja Wydawnictw Katolickiego Uniwersytetu Lubelskiego, Lublin 1994.

JAN PAWEŁ II. *Tryptyk Rzymski*: medytacje. Cracóvia: Wydawnictwo św. Stanisława BM Archidiecezji Krakowskiej, 2003.

JAN PAWEŁ II. Przemówienie skierowanego dla zebranych na zakończenie Mszy Świętej. Roma, 22 de outubro de 1978.

JAN PAWEŁ II. Tu wszystko się zaczęło... Przemówienie podczas spotkania z wiernymi. Wadowice, 16 de junho de 1999. Disponível em: <http://www.vatican.va/holy_father/john_paul_ii/homilies/1999/documents/hf_jpii_ hom_19990616_wadowice_po.html>. Acesso em: 12 set. 2013.

JAN PAWEŁ II. *Wstańcie, chodzmy!* Cracóvia: Wydawnictwo św. Stanisława BM Archidiecezji Krakowskiej, 2004.

JOÃO PAULO II. *Cruzando o limiar da esperança*. Rio de Janeiro: Francisco Alves. 1994. (Trad. de *Przekroczyć próg nadziei*)

JOÃO PAULO II. *Amor e responsabilidade*. São Paulo: Loyola, 1982. (Trad. de *Miłość i odpowiedzialność*)

JOÃO PAULO II. *Pronunciamento de João Paulo II na ONU*. Nova York, 5 de outubro de 1995. Disponível em: http://www.vatican.va/holy_father/john_paul_ii/speeches/1995/october/documents/hf_jp-ii_spe_05101995_address-to-uno_en.html. Acesso em: 12 set. 2013.

JOÃO PAULO II. *Viagem Apostólica do Santo Padre ao Brasil*. Discurso do Papa João Paulo II ao presidente e autoridades da República Federativa do Brasil. Brasília, 30 de junho de 1980. Disponível em: <http://www.vatican.va/holy_father/john_paul_ ii/speeches/1980/june/documents/hf_jpii_spe_19800630_presidentebrasile_ po.html>. Acesso em: 12 set. 2013.

JOÃO PAULO II. *Viagem Apostólica do Santo Padre ao Brasil*. Discurso do Santo Padre aos membros do corpo diplomático acreditado junto ao governo brasileiro. Nunciatura Apostólica, Brasília, 30 de junho de 1980. Disponível em: <http://www.vatican.va/ holy_father/john_paul_ii/speeches/1980/june/documents/hf_jp-ii_spe_19800630_ corpodiplomaticobrasile_po.html>. Acesso em: 12 set. 2013.

JOÃO PAULO II. *Viagem Apostólica do Santo Padre ao Brasil*. Discurso do Santo Padre no encontro com eminentes personalidades da cultura. Rio de Janeiro, 1º de julho de 1980. Disponível em: http://www.vatican.va/holy_father/john_paul_ii/speeches/1980/ july/documents/hf_jpii_spe_19800701_cultura-brasile_po.html>. Acesso em: 12 set. 2013.

JOÃO PAULO II. *Viagem Apostólica do Santo Padre ao Brasil*. Discurso do Papa João Paulo II aos moradores da favela do Vidigal no Rio de Janeiro. Rio de Janeiro, 2 de julho de 1980. Disponível em: <http://www.vatican.va/holy_father/john_paul_ii/spee ches/1980/july/documents/hf_jpii_spe_19800702_vidigalbrasile_po.html>. Acesso em: 12 set. 2013.

JOÃO PAULO II. *Viagem Apostólica do Santo Padre ao Brasil*. Discurso do Papa João Paulo II durante o encontro com os trabalhadores em São Paulo. São Paulo, 3 de julho de 1980. Disponível em: < http://www.vatican.va/holy_father/

john_paul_ii/speeches/1980/july/documents/hf_jp-ii_spe_19800703_operai-brasile_po.html>. Acesso em: 12 set. 2013.

JOÃO PAULO II. *Viagem Apostólica do Santo Padre ao Brasil*. Homilia de João Paulo II. Curitiba, 5 de julho de 1980. Disponível em:
<http://www.vatican.va/holy_father/john_paul_ii/travels/sub_index1980/trav_brazil.htm> Acesso em: 12 set. 2013.

JOÃO PAULO II. *Viagem Apostólica do Santo Padre ao Brasil*. Homilia de João Paulo II para os trabalhadores do campo. Recife, 7 de julho, 1980. Disponível em: http://www.vatican.va/holy_father/john_paul_ii/homilies/1980/documents/hf_jpii_ hom_19800707_recifebrazil_po.html. Acesso em: 12 set. 2013.

JOÃO PAULO II. *Viagem Apostólica do Santo Padre ao Brasil*. Homilia de João Paulo II. Manaus, 10 de julho de 1980. Disponível em: <http://www. vatican.va/holy_father/john_paul_ii/travels/sub_index1980/trav_brazil.htm>. Acesso em: 12 set. 2013.

JAWIEŃ, A. (Karol Wojtyła). Dramat słowa i gestu, *Tygodnik Powszechny*, Cracóvia: nº 14, 1957.

JAWIEŃ, A. (Karol Wojtyła). Rapsody Tysiąclecia, *Tygodnik Powszechny*, Cracóvia, nº 3, 1958.

KWIATKOWSKI, T. Był od nas zupelnie inny. Apud: DYBCIAK, K. *Jan Paweł II w literaturze polskiej*: antologia tekstów literackich. Varsóvia: Centrum Myśli Jana Pawła II, 2008.

KOTLARCZYK, M.; WOJTYŁA, K. *O Teatrze Rapsodycznym*. Wstęp i opracowanie Jacek Popiel; wybór tekstów Tadeusz Malak i Jacek Popiel. Cracóvia: Pań stwowa Wyższa Szkoła Teatralna im. L. Solskiego, 2001.

KUDLIŃSKI, T. Porzucenie teatru. Apud: DYBCIAK, K. *Jan Paweł II w literaturze polskiej*: antologia tekstów literackich. Varsóvia: Centrum Myśli Jana Pawła II, 2008.

KURNIK, A. Odkrywanie świętości — Brat naszego Boga Karola Wojtyły. In: ZARĘBIANKA, Z; MACHNIK, J. *Przestrzeń Słowa*. Twórczość literacka Karola Wojtyły — Jana Pawła II. Cracóvia: Wydawnictwo św. Stanisława BM Archidiecezji Krakowskiej, 2006.

LAWSON, M. The pope's other self, *The Tablet*, Londres: dez. 1996.

LISZOWSKI, A. *Dzieci Gór Sowich*. Wybór i słowo wstępne B. Hebzda Sologub. Dzierżoniów: Studio Edytor, 2007.

LUBAC, H. de. Love and responsibility (Karol Wojtyla). In: ______. *Theology in history*. São Francisco: Ignatius Press, 1996.

MACHARSKI, F. Wstęp. In: JAN PAWEŁ II. *Tryptyk Rzymski*: medytacje. Cracóvia: Wydawnictwo św. Stanisława BM Archidiecezji Krakowskiej, 2003.

MACIEJEWSKI, J. Karol Wojtyła i Jan Paweł II wobec literatury. Apud: DYBCIAK, K. *Karol Wojtyła a literatura*. Tarnów : Biblos, 1991.

MICHAŁOWSKA, D. Decydujące dwa tygodnie. Apud: DYBCIAK, K. *Jan Paweł II w literaturze polskiej*: antologia tekstów literackich. Varsóvia: Centrum Myśli Jana Pawła II, 2008.

MICKIEWICZ, A. Literatura słowiańska, Kurs trzeci. In:______. *Dzieła. Wydanie rocznicowe*. Varsóvia: Czytelnik, 1998. Tomo X.

MOSKWA, J. *Droga Karola Wojtyły.* Zwiastun wyzwolenia 1987-1989. Varsóvia: świat Książki, 2011. Tomo II.

NOWAKOWSKI, T. João de Deus. In: DYBCIAK, K. *Jan Paweł II w literaturze polskiej:* Antologia tekstów literackich. Varsóvia: Centrum Myśli Jana Pawła II, 2008.

NORWID, C. K. *Promethidion*. Rzecz w dwóch dialogach z epilogiem. Wstęp i opracowanie Stefan Sawicki. Cracóvia: Universitas, 1997.

PASIERB, J. O Bracie naszego Boga, *Communio*, Ożarów Mazowiecki: nº 1, 1981.

PASIERB, J. S. Poezja uniwersaliów. Apud: DYBCIAK, K. *Karol Wojtyła a literatura*. Tarnów : Biblos, 1991.

PAWEŁ VI. List Pawła VI do kardynała Wyszyńskiego, Primasa Polski, 17 de dezembro de 1965. *Acta Apostolicae Sedis*, Cidade do Vaticano, 1965.

POSIAD, A. (oprac.) *Jan Paweł II w Brazylii, 30 VI — 11 VII 1980:* przemówienia, homilie, modlitwy. Varsóvia: PAX, 1985.

PRZYBYLSKA, A. *Samotność możliwa w człowieku*. Mistyczny aspekt poezji i dramatów Karola Wojtyły. Cracóvia: Arcana, 2002.

RATZINGER, J. Missa das Exéquias do Romano Pontífice João Paulo II. Homilia do Cardeal Joseph Ratzinger. Praça de São Pedro, 8 de Abril de 2005. Disponível em: <http://www.vatican.va/gpII/documents/homilycardratzinger_20050408_po.html>. Acesso em: 12 set. 2013

REALE, G. Komentarz krytycznoliteracki, *L'Osservatore Romano* (ed. polonesa), Cidade do Vaticano, nº 4, 2003.

REALE, G. *Karol Wojtyła: un pellegrino dell'assoluto*. Milão: Bompiani, 2005.

RIO, D. del. *Wojtyła. Un pontificato itinerante*. Bolonha: Edizioni Dehoniane, 1994.

ST. JOHN-STEVAS, N. *Pope John Paul II:* His Travels and Mission. London, Boston: Faber and Faber, 1982.

SOLSKI, Z. W. Ojcostwo i tożsamość. In: ZARĘBIANKA, Z.; MACHNIK, J. *Przestrzeń Słowa*. Twórczość literacka Karola Wojtyły — Jana Pawła II. Cracóvia: Wydawnictwo św. Stanisława BM Archidiecezji Krakowskiej, 2006.

SKWARNICKI, M. Poetycka droga Papieża Wojtyły. In: WOJTYŁA, K. *Poezje, dramaty, szkice / Karol Wojtyła ; Tryptyk rzymski / Jan Paweł II*. Cracóvia: Znak, 2004.

SKWARNICKI, M. Wstęp. In: WOJTYŁA, K. *Poezje i dramaty*. Cracóvia, Znak, 1979.

SMASZCZ, W. O czytaniu poezji Karola Wojtyły. In: WOJTYŁA, K. *Poezje i dramaty.* Varsóvia: PAX, 1999.

SVIDERCOSCHI, G. F. *Kard. Stanisław Dziwisz, Świadectwo*. Varsóvia: Przemysław Hauser, 2007.

SZYMAŃSKI, W. P. Z mroku korzeni. O poezji Karola Wojtyły. Apud: DYBCIAK, K. *Karol Wojtyła a literatura*. Tarnów : Biblos, 1991.

TABORSKI, B. Introduction to Our God's Brother. In: WOJTYŁA, K. *The collected plays and writings on theater.* Berkeley: University of California Press, 1987.

TABORSKI, B. Kardynal Wojtyła — poeta dramaturg, *Tygodnik Powszechny*, Varsóvia: nº 1, 1981.

TABORSKI, B. *Karola Wojtyły dramaturgia wnętrza*. Lublin: Redakcja Wydawnictw KUL, 1989.

WEIGEL, G. Rozmowa autora z Danutą Michałowską, 22 de abril de 1997. In: ______. *Świadek nadziei*: biografia Papieża Jana Pawła II. Cracóvia: Znak, 2000. Disponível em <http://www.znak.com.pl/files/pdf/Weigel_Swiadeknadziei_ISSUU_OK.pdf>. Acesso em: 12 set. 2013

WEIGEL, G. Trzecie tysiąclecie. Ujrzeć jak wschodzi słońce. In:______. *Świadek nadziei:* biografia Papieża Jana Pawła II. Cracóvia: Znak, 2000.

WEIGEL, G. Piotr pośród nas. In:______. *Świadek nadziei:* biografia Papieża Jana Pawła II. Cracóvia: Znak, 2000.

WEIGEL, G. *Witness to Hope*: The Biography of Pope John Paul II. Nova Iorque: HarperCollins Publishers, 2009.

WERON SAC, E.; JAROCH SAC, A. (red.). *Nauczanie papieskie*. Poznań/Varsóvia: Pallottinum, 1990. Tomo 6.

WOJTYŁA, K. *Brat naszego Boga*. In: ______. *Poezje i dramaty.* Varsóvia: PAX, 1999.

WOJTYŁA, K. Carta de Karol Wojtyła a Zofia e Mieczysław Kotlarczyk. Páscoa de 1940. In: KOTLARCZYK, M.; WOJTYŁA, K. *O Teatrze Rapsodycznym*. Wstęp i opracowanie Jacek Popiel; wybór tekstów Tadeusz Malak i Jacek Popiel. Cracóvia: Państwowa Wyższa Szkoła Teatralna im. L. Solskiego, 2001.

WOJTYŁA, K. Carta de 28 de dezembro de 1939. In: KOTLARCZYK, M.; WOJTYŁA, K. *O Teatrze Rapsodycznym*. Wstęp i opracowanie Jacek Popiel; wybór tekstów Tadeusz Malak i Jacek Popiel. Cracóvia: Państwowa Wyższa Szkoła Teatralna im. L. Solskiego, 2001.

WOJTYŁA, K. *Hiob, drama ze Starego Testamentu*. In: ______. *Poezje i dramaty.* Varsóvia: PAX, 1999.

WOJTYŁA, K. *Jeremiasz*. In: ______. *Poezje i dramaty.* Varsóvia: PAX, 1999.

WOJTYŁA, K. Kamieniołom. In: ______. *Poezje i dramaty.* Varsóvia: PAX, 1999.

WOJTYŁA, K. Myśli jest przestrzenią dziwną. In: ______. *Poezje i dramaty.* Cracóvia: Znak, 1986.

WOJTYŁA, K. Myśląc Ojczyzna... In: ______. *Poezje i dramaty.* Varsóvia: PAX, 1999.

WOJTYŁA, K. Narodziny wyznawców. In: ______. *Poezje i dramaty.* Varsóvia: PAX, 1999.

WOJTYŁA, K. O Cyprianie Norwidzie w 180. rocznicę urodzin poety. In: *Poezje, dramaty, szkice / Karol Wojtyła ; Tryptyk rzymski / Jan Paweł II*. Cracóvia: Znak, 2004.

WOJTYŁA, K. Pieśń o blasku wody. In: ______. *Poezje i dramaty.* Varsóvia: PAX, 1999.

WOJTYŁA, K. Pieśń o Bogu ukrytym. In: ______. *Poezje i dramaty.* Varsóvia: PAX, 1999.

WOJTYŁA, K. Prefácio. In: KOTLARCZYK, M. *Sztuka żywego słowa.* Dykcja, ekspresja, magia. Roma: Nakładem Fundacji Teatru Religijnego w Rzymie oraz Przyjaciół Teatru Rapsodycznego, 1975.

WOJTYŁA, K. Problem kontynuowania sie kultury poprzez ludzką praxis, *Roczniki Filozoficzne*, Lublin: KUL, 1979.

WOJTYŁA, K. Profile Cyrenejczyka. In: ______. *Poezje i dramaty.* Varsóvia: PAX, 1999.

WOJTYŁA, K. *Promieniowanie ojcostwa.* In: ______. *Poezje, dramaty, szkice / Karol Wojtyła ; Tryptyk rzymski / Jan Paweł II.* Cracóvia: Znak, 2004.

WOJTYŁA, K. *Przed sklepem jubilera.* Medytacja o sakramencie małżeństwa przechodząca chwilami w dramat. Cracóvia: Znak, 1988.

WOJTYŁA, K. Rozważanie o śmierci. In: ______. *Poezje i dramaty.* Varsóvia: PAX, 1999.

WOJTYŁA, K. Stanisław. In:______. *Poezje i dramaty.* Cracóvia: Wydawnictwo Literackie, 1998.

WYSZYŃSKI, S. Do Senatu Akademii Teologii Katolickiej. Varsóvia, Miodowa, 9 de março de 1981 — texto autorizado.

ZARĘBIANKA, Z. Dojrzewanie do śmierci, dojrzewanie do ojcostwa w poetyckiej antropologii Karola Wojtyły. In: ZARĘBIANKA, Z.; MACHNIK, J. *Przestrzeń Słowa.* Twórczość literacka Karola Wojtyły — Jana Pawła II. Cracóvia: Wydawnictwo św. Stanisława BM Archidiecezji Krakowskiej, 2006.

ZEGŁADOWICZ, E. *Powsinogi beskidzkie.* Sześć ballad z poematu Dziewanny. Wadowice: Druk F. Foltina, 1923.

ŻAKIEWICZ, Z. Twórczy śmiech Pana Boga. In: DYBCIAK, K. *Jan Paweł II w literaturze polskiej:* antologia tekstów literackich. Varsóvia: Centrum Myśli Jana Pawła II, 2008.

Este livro, composto na fonte fairfield,
foi impresso em pólen soft 80g/m² na Imprensa da Fé.
São Paulo, Brasil, abril de 2014.